Willy Breinholst

Mama ist die beste auf der Welt!

Hallo, mein Schatz!

Willy Breinholst

Mama ist die beste auf der Welt!

Aus dem Dänischen
von Dieter J. Jörgensen

NAUMANN & GÖBEL

Sonderausgabe der Naumann & Göbel Verlagsgesellschaft, Köln
Mama ist die beste auf der Welt

Hallo, mein Schatz

Schutzumschlag und Illustration: Wiebke Vormstein, Köln
Gesamtherstellung: Freiburger Graphische Betriebe, Freiburg
Printed in Germany

ISBN 3-625-20172-0

Inhalt

Vorwort

Mama ist die beste auf der Welt, mein 87. Buch, ist der 4. Band einer kleinen Reihe, die ich für junge Eltern geschrieben habe. In der großen, sonst so harten Welt hat diese Reihe einen solchen Anklang gefunden, daß die Auflage längst die Millionengrenze überschritten hat.

In Japan wurden die Illustrationen zu *Mama ist die beste auf der Welt* von einer jungen japanischen Mutter zweier Kinder gezeichnet, von Rika Okabe, die ihre Studien 1973 an der Dokkyo-Universität beendet hat. Ihre Zeichnungen zu meinen Büchern gingen durch die japanische Presse und das Fernsehen, womit ihr Glück als Baby-Zeichnerin gemacht war.

Ich fand ihr Baby in *Mama ist die beste auf der Welt* so niedlich, daß es von jetzt an in alle Ausgaben des Buches aufgenommen wird, die noch in der Welt erscheinen werden. Meiner Meinung nach zeigt Rika Okabes Baby mit aller wünschenswerten Deutlichkeit, daß Kinder überall in der Welt in gleicher Weise unwiderstehlich sind. Meine Bücher in dieser Reihe sind nach lebenden Vorbildern geschrieben, meinen Enkelkindern Jacob und Mikael. Von dem Tage an, als der Arzt ihre Anwesenheit im Leib ihrer Mutter feststellte, habe ich mit Neugier, Freude, Überraschung und Bewunderung ihre Entwicklung verfolgt. Ohne ihr wohlwollendes Mitwirken wäre ihr Opa niemals auf eine Bestsellerliste gekommen. Danke, Kinder!

Ich schließe mich dem dänischen Philosophen Sören Kierkegaard an: »Am liebsten habe ich Kinder um mich und spreche mit ihnen, denn bei ihnen besteht noch Hoffnung, daß sie vernünftige Menschen werden!«

Willy Breinholst

Stofftiere, die quietschen können, sind als Spielzeug für das kleine Kind gut geeignet. Außerdem alle Arten von Gummitieren und weichem Spielzeug, zum Beispiel Teddybären aus Stoff, wobei die Eltern jedoch immer sicherstellen müssen, daß sich das Kind beim Spielen mit dem weichen Spielzeug nicht verletzen kann.

Weiches Spielzeug

Mama ist die beste auf der Welt.

Mein Papa ist ebenfalls der beste.

Auch meinen großen Bruder, der fünf Jahre alt ist, habe ich lieb. – Und Hannibal.

Mein großer Bruder meint, Hannibal würde nur aus Stoff bestehen. Er sagt, Hannibal sei bloß ein Stoffteddy.

Vielleicht ist er selbst einer!

Mein großer Bruder besteht nur aus dem, woraus er besteht. Meine Mama sagt, daß Hannibal ein lieber Teddy ist, weil er nie weint, nie quengelig ist und sich nie naß macht. Sie sagt, Hannibal habe den ganzen Tag lang ein richtig schönes Leben, und er könne glücklich sein, so einen lieben Kleinen wie mich als seinen besten Freund zu haben.

Sagt meine Mama.

Aber eines Abends, als ich in meinem Bett lag und mit meinem Hannibal schmuste, kam sie, um mir mein Gutenachtküßchen zu geben, und sagte dann, daß so kleine liebe Teddys wie mein Hannibal es vielleicht doch gar nicht so gut haben. »Es ist schade um sie, weil ihr ja älter werdet«, meinte sie. »Und wenn ihr dann später groß seid, dann werft ihr sie einfach in irgendeine Ecke, niemand beachtet sie, niemand spielt mit ihnen, und niemand sucht sie dann mehr. Dann sind sie einfach weggeworfen«, sagte sie traurig.

Ich verstand nicht alles, was sie sagte, aber wenn mein Hannibal wirklich einmal weggeworfen werden sollte, dann will ich ihn ganz schnell suchen und ihn drücken und knutschen und ganz fest mit ihm schmusen, weil er immer mein bester Freund bleiben soll.

Das haben ich und Hannibal abgemacht.

Nicht wahr, Hannibal?

Habt ihr gesehen, wie er genickt hat?

Die gründliche Körperpflege sollte immer morgens geschehen, wenn das Kind am besten gelaunt ist, wobei darauf zu achten ist, daß Seife nur ein- bis zweimal in der Woche benutzt werden sollte, damit die Haut des kleinen Kindes nicht austrocknet.

Körperpflege

Der größte Teil meines Lebens vergeht mit Waschen und Baden, und das macht mir gar keinen Spaß.

Meine Mama wäscht mich eigentlich nur ihretwegen, denn sie meint, hinterher dufte ich so herrlich.

Mit Sicherheit kann ich es nicht sagen, aber ich glaube, meine Mama hat selbst ein bißchen Angst vorm Waschen.

Wenn mein Badewasser fertig ist, taucht sie nämlich nur ganz vorsichtig einen Ellbogen hinein.

Ob sie wirklich etwas wasserscheu ist?

Sie traut sich nie, den ganzen Arm in mein Badewasser zu tauchen.

Immer nur den Ellbogen.

Sie wäscht mich nie, bevor sie nicht kontrolliert hat, ob all die vielen Dinge, die sie braucht, auch wirklich da sind.

Es sind alles blöde Dinge: der Waschlappen für das Gesicht, die Puderdose, die Haarbürste, die Nagelschere, der Waschlappen für den Popo und so weiter.

Nur mit der Seife habe ich manchmal etwas Spaß.

Wenn ich sie ergreifen kann und sie mir dann aus der Hand flutscht, in die Luft springt und auf den Fußboden fällt. Dann lache ich.

Aber meine Mama rächt sich, indem sie mir mit der Seife das ganze Gesicht wäscht, und dann weine ich, denn Seife im Gesicht war noch nie meine Sache.

Ich mag es auch nicht, wenn sie mir die Ohren wäscht.

Ich kann nicht einsehen, warum kleine Kinder wie ich immer so fürchterlich saubere Ohren haben müssen.

Das ist ungerecht.

Wenn mein großer Bruder manchmal von meiner Mama gewaschen wird, weil er es selbst nicht gut genug gemacht hat, dann schreit er immer, so laut er kann: »Nicht die Ohren! Nicht die Ohren!«

Aber ich?
Ich kann nichts rufen, was sie versteht.
Und das nutzt sie jedesmal aus.
Mein Papa hielt auch zur mir, als ich einmal besonders laut schrie, weil meine Mama nicht aufhörte, meine Ohren zu waschen und sie mit feuchter Watte zu reinigen.
»Wenn du es dir zur Regel machtest«, sagte er, »nie seine Ohren zu waschen, dann könnte man doch viel besser erkennen, wie sauber er im übrigen Gesicht ist!«
»Quatsch!« antwortete meine Mama und nahm die Nagelschere zur Hand.
Sich die Nägel schneiden zu lassen ist auch ärgerlich, weil man sich dabei kaum bewegen kann.
Und es bringt ja auch gar nichts, denn den Nägeln ist es egal, sie wachsen trotzdem wieder.
Wenn meine Mama die Nägel an meinen Zehen geschnitten hat, kitzelt sie mich immer unter den Füßen, und dann lache ich. Obwohl es eigentlich gar nichts zum Lachen gibt.
Wenn sie dann zum Schluß meine Haare gekämmt und gebürstet hat und endlich mit allem fertig ist, hebt sie mich hoch, sieht mich bewundernd an und sagt, ich sei jetzt das sauberste Baby auf der Welt.
Ja, mindestens!

Wenn das Kind immer wieder an einem Gegenstand lutscht, etwa einem Schmusetuch, einem Daumen oder einem Zipfel der Decke, ist der Grund häufig in fehlendem Elternkontakt zu suchen, es kann sich aber auch um ein nervöses oder besonders sensibles Kind handeln.

Schmusetücher

Ich weiß nicht, was ich ohne mein Schmusetuch machen sollte. Oder ohne meinen Daumen.

Ich brauche sie zum Lutschen, aber meine Mama mag das nicht.

Sie versteckt mein Schmusetuch, und dann weine ich.

Aber meinen Daumen kann sie nicht verstecken.

Und dann kriege ich mein Schmusetuch wieder, denn meine Mama hat wohl Angst, ich könnte den Daumen ganz weglutschen.

Mein Teddy, mein Hannibal, darf auch nicht mehr mit in mein Bett, weil ich immer an seinen Ohren lutsche.

Aber dann schreie ich sehr lange und weigere mich, einzuschlafen. Dann kriege ich Hannibal.

Es ist aber fast immer mein Papa, der mir zum Schluß dann schließlich meinen Hannibal gibt.

»Laß doch das Kind lutschen«, sagt er. »Herrgott noch mal, wir haben doch alle in seinem Alter gelutscht.«

Napoleon, Columbus, Robin Hood, Nero, Shakespeare, Greta Garbo, ich wette, daß jeder von ihnen etwas zum Lutschen hatte.

Wer sagt denn, daß Jesus kein Schmusetuch hatte?

Und der Papst?

Und die zwölf Apostel?

Und wenn alle diese Leute an einem Schmusetuch Gefallen hatten, dann kann man sich wohl auch in diesem Hause erlauben, mit einem Schmusetuch einzuschlafen!«

Das sagt alles mein Papa.

Mein Papa ist ein guter und vernünftiger Mann, der immer zu mir hält.

Und dann kriege ich mein Schmusetuch.

»Okay, Bonaparte«, gibt sich meine Mama geschlagen und wirft ein Schmusetuch in Papas Schoß.

Windeln sind ein wichtiger Bestandteil der Bekleidung des Säuglings, es ist daher sehr wichtig, daß das Wechseln der Windeln niemals nachlässig gehandhabt wird.

Windelwechsel

Wenn es etwas gibt, was ich auf dieser Welt hasse, dann sind es meine Windeln.

Ich bin sie absolut leid.

Meine Mama hat aber auch wirklich einen Sauberkeitstick.

Ich habe lange darüber nachgedacht, aber ich begreife einfach nicht, warum ich immer in diese blöden Windeln verpackt werden muß.

Sie taugen überhaupt nichts.

Na ja, wenn man sie frisch ankriegt, dann sind sie gut, hübsch und trocken und sauber.

Es dauert aber nie sehr lange, bis sie anfangen, widerlich naß zu werden.

Sie müssen völlig falsch hergestellt sein.

Es kommt auch Aa in die Windel.

Irgendwie.

Und dann fühle ich mich erst recht nicht wohl, und manchmal weine ich.

Aber das tut wohl jeder, wenn seine Windel dauernd naß wird.

»Oje, du kleines Ferkelchen, hast du dich schon wieder naß gemacht?« kriege ich tagsüber alle naselang von meiner Mama zu hören.

Ich? Habe *ich* mich naß gemacht?

Es ist doch wohl meine Windel, die mich naß gemacht hat, oder?

Jedenfalls wird immer die Windel weggeworfen.

Niemals ich.

Wenn meine Mama gesagt hat, daß ich ein kleines Ferkelchen bin, weiß ich, daß kein Weg mehr daran vorbeiführt, ich muß dann den ganzen Zirkus wieder einmal mitmachen.

Manchmal behauptet mein Papa, mir ansehen zu können, daß das Windelwechseln mich zu Tode langweilt.

Er hat völlig recht.

Zuerst bereitet meine Mama den Wickeltisch vor.

Dann holt sie Puder und Creme und Öl.

Danach gießt sie lauwarmes Wasser in eine Schüssel.

Anschließend legt sie Waschlappen und Handtuch zurecht.

Und zu guter Letzt holt sie eine saubere Windel und eine saubere Hose hervor.

Sie hebt mich hoch und entfernt die nasse Windel.

Dabei sagt sie »uff!« und »bah!« und wirft die Windel weg.

Als ob *ich* etwas dafür könnte!

Sie wäscht mir dann den Popo, trocknet mich ab und cremt mich ein.

Ich werde auch bestäubt, meine Mama sagt, es ist Babypuder. Sie verteilt den Puder und gibt mir einen leichten Klaps auf den Popo.

Wenn sie gut gelaunt ist, sagt sie, so ein kleiner Klaps koste nichts extra.

Sie wickelt mich in die saubere, trockene Windel, zieht mir die saubere Hose darüber, und dann bin ich fertig.

Mein Papa kann mich auch wickeln.

Aber er schafft nur eine Dreieckswindel. »Die ist ja auch idiotensicher«, sagt meine Mama.

Sie selbst kann Dreieckswindeln, Trapezwindeln und amerikanische Windeln, sie kennt sie alle.

Meine Mama ist eben sehr tüchtig.

Gerade eben hat sie meine Windel gewechselt. Heute schon zum siebten Mal!

Weil sie glaubte, daß Aa drin sei, aber das stimmte gar nicht.

Aber jetzt!

Mein Papa hat gerade an mir geschnuppert.

»Es ist soweit!« rief er meiner Mama zu.

»Hauptgewinn!«

Superhauptgewinn!

Mit etwa drei Monaten kommt das Kind in das sogenannte Beißalter, alles wird jetzt in den Mund gesteckt und angeknabbert; diese Beißlust, die als eine Art Spiel angesehen werden muß, kann sehr lange dauern.

Beißlust

Es gibt viele gute Bücher.

Als ich noch sehr klein war, hatte ich keine Ahnung, wozu man Bücher braucht.

Ich glaubte, mein großer Bruder brauchte die Bücher, um darin zu lesen, und meine Mama und mein Papa, um darüber einzuschlafen, wenn sie zu Bett gegangen waren.

Jetzt weiß ich es besser.

Ich weiß nun, daß man Bücher anknabbern und die Seiten herausreißen kann.

Ohne anzugeben, kann ich wohl sagen, daß ich schon aus fast allen Büchern Seiten herausgerissen habe, die auf den Nachttischen herumlagen oder auch woanders, wo ich gut drankomme. Die herausgerissenen Seiten lassen sich sehr gut anknabbern, man kann auch daran lutschen oder sie essen.

Man kann sie auch gut zusammenknüllen, das gibt so ein kribbelndes Gefühl in der Hand.

Kleine Bücher können mit ein wenig Glück auch in den Topf gestopft werden, inzwischen ist es in diesem Haus jedoch fast unmöglich, ein Buch in die Hand zu bekommen.

Alle Bücher und Zeitungen werden versteckt.

Gestern ist es mir trotzdem gelungen, ein paar Seiten aus einem großen, dicken Buch herauszureißen, das von einem Mann geschrieben worden war, den mein Papa Shakespeare nannte.

Er nahm die Seiten, die ich herausgerissen hatte, glättete sie, las, was daraufstand, und warf sie zusammengeknüllt in den Papierkorb.

»Eigentlich hat der Junge recht«, sagte er zu meiner Mama. »Diese Szene zwischen Polonius und Ophelia im zweiten Akt von ›Hamlet‹ ist absolut überflüssig!«

Sollte es aus irgendeinem Grunde nicht möglich sein, das Kind zu stillen, dann gibt es heute auf dem Markt für das Flaschenkind ausgezeichnete, industriell hergestellte Trockenmilchpräparate, die alle der Muttermilch sehr nahe kommen.

Das Flaschenkind

Als kleines Kind war mein großer Bruder ein Brustkind.

Ich bin ein Flaschenkind.

Mein Papa sagt, daß das ein Unterschied ist.

»Der Unterschied zwischen einem Brustkind und einem Flaschenkind«, sagt er, »liegt ganz einfach darin, daß bei einem Brustkind jederzeit die Mutter bereit sein muß.«

»Aber bei einem Flaschenkind«, setzt er fort, während er mein Fläschchen vorbereitet, »ist es der Vater, der Tag und Nacht zur Stelle sein muß?«

Obgleich er das sagt, weiß ich immer noch nicht so richtig, was es bedeutet, ein Flaschenkind zu sein, es ist mir aber auch völlig egal, ob es nun dieses oder jenes bedeutet.

Hauptsache, ich habe mein Fläschchen, dann bin ich schon zufrieden.

Ich weiß genau, was da drin ist.

Trockenmilch.

Doch wenn ich daran sauge, schmeckt sie überhaupt nicht trocken. Sondern sehr gut.

Mein Fläschchen ist mit das Beste, was ich habe.

Abgesehen von meiner Mama natürlich.

Und von meinem Papa.

Und von meinem großen Bruder und Hannibal.

Ich besitze sechs Fläschchen.

Meine Mama sagt auch, daß ich reich an Fläschchen bin, aber sechs sind nicht zuviel, meint sie, wenn man zu jeder Mahlzeit im Laufe des Tages ein sauberes Fläschchen braucht.

Wenn mein Papa mein Fläschchen zurechtmacht, nimmt er immer erst selbst einen kleinen Schluck, bevor ich darf.

Er behauptet, er tue das, um zu probieren, ob die Milch vielleicht zu warm sei.

Aber ich glaube, er tut es, weil es ihm schmeckt.

Er war nämlich früher ein Brustkind.

Sagte er gestern.

»Und wie ihr seht«, meinte er, »ist mein Bedarf noch nicht gedeckt.«

Und er trank etwas, das er Bier nannte.

Meine Mama meinte aber, ein Flaschenkind im Hause reiche ihr.

Ich weiß nicht, was ich ohne mein Fläschchen machen sollte. So ein herrliches Fläschchen mit warmer Milch und dazu so ein wundervoller, weicher Schnuller, aus dem die Milch kommt. Mann, ist das ein Leben!

»Milch ist das Beste, was es für einen kleinen, durstigen Mann geben kann!«

Das sagt jedenfalls mein Papa, wenn er manchmal so dasteht und mich um mein Fläschchen beneidet.

»Schau doch, Liebling«, sagte er gestern zu meiner Mama, als ich gerade im Arm meiner Mama lag und mit großer Wonne an meinem Fläschchen saugte, »der Junge flippt ja richtig aus!«

Und dann sagte er noch etwas, was ich aber nicht ganz verstanden habe.

»Wenn er nicht immer auf die Sekunde genau sein Fläschchen kriegen würde«, sagte er, »dann würde er sehr bald Entziehungserscheinungen zeigen!

Es wird Schwerstarbeit werden, ihn eines Tages wieder auf ein normales Maß zu bringen, wenn wir ihn langsam der Flasche entwöhnen und an Frikadellen mit Bier gewöhnen müssen!«

Sobald die Wiege zu klein geworden ist, sollte ein richtiges Kinderbett angeschafft werden. Da das Kind sehr viel Zeit in seinem Bett verbringt, muß darauf geachtet werden, daß ausreichend Platz vorhanden ist, damit das Kind seinem Bewegungsdrang nachkommen kann.

Das Kinderbett

Warum muß ich mich mit so einem blöden kleinen Bett begnügen? Und warum haben nur Mama und Papa so ein schönes großes Bett? Ich will auch ein großes Bett haben!

Ich will ein großes, großes, großes Bett, in dem ich herumkrabbeln und mich in allen Ecken verstecken kann, so daß mich niemand findet.

Sie müssen mich dann bitten, »Kuckuck« zu rufen.

Das tun sie nämlich manchmal, wenn mein großer Bruder sich in ihrem großen Bett versteckt hat.

Oder wenn er sich unterm Bett versteckt hat, wo sie ihn überhaupt nicht finden können.

Ich will ein Bett mit einer richtigen Sprungmatratze wie in Mamas und Papas Bett, auf der mein großer Bruder immer so herumspringt, daß er fast mit den Händen an die Zimmerdecke kommt.

Hannibal hat hier auch kaum noch Platz, und ich kann in diesem Bett überhaupt nicht richtig einschlafen.

Ich spüre richtig, wie es drückt.

Ich will ein Bett, aus dem ich herausfallen kann, so daß ich darunterkrabbeln und mich verstecken kann.

Ich will ein Bett mit einem großen Laken, so daß mein großer Bruder damit Gespenst spielen kann, indem er es über den Kopf zieht, es plötzlich wegnimmt und »Huuuhh!« ruft, so daß ich lachen muß.

Ich habe so wenig Platz in meinem blöden kleinen Bett, daß ich eigentlich genausogut in einer der Kommodenschubladen wohnen könnte.

Dann könnten sie mich nachts ganz in die Kommode hineinschieben.

Erledigt.

Gute Nacht.

Bei manchen Naturvölkern tragen die Mütter ihre Säuglinge in einem Fellsack auf dem Rücken, aber in allen zivilisierten Ländern werden heute die Säuglinge in einem sogenannten Kinderwagen transportiert, den die Mutter vor sich herschiebt. Auch der Vater kann den Wagen bedienen.

Der Kinderwagen

Mein Wagen ist gerade von oben bis unten überholt worden. Es war notwendig, denn ich habe ihn von meinem großen Bruder geerbt.

Mein Papa sagt, daß der Wagen jetzt rundherum wie neu aussieht, die gesamte äußere Erscheinung, die Lenkung und der Stoffbezug.

Mein Wagen hat jetzt vier neue, schlauchlose Radialreifen, eine neue Übersetzung, eine neue Federung und neue Sicherheitsbügel mit Doppelwirkung.

Und ein neues dreistufiges, semiautomatisches, servogesteuertes Sonnenverdeck aus Samt.

Das sagt alles mein Papa.

Aber jetzt ist es auch *der* Kinderwagen.

»Spitze, Mann!« sagt mein Papa.

Sämtliche Einzelteile hat er neu lackiert.

Meine Mama durfte zwischen vier knalligen Farben wählen: Cool Canary, Orange Wow, Safari Yellow und Signalrot. Sie wählte Signalrot und hätte sich fast auf den Popo gesetzt, als sie das fertige Ergebnis sah.

»Absolut todschick!« sagte sie zu mir und meinem Papa.

Das war wohl ein Lob.

»Er ist so schick geworden«, fügte sie zu meinem Papa gewandt hinzu, »daß er jetzt auch noch ein kleines Schwesterchen überstehen könnte!«

Doch davon wollte mein Papa nichts hören.

»Stop!« sagte er. »Nun mach aber mal halblang!«

Und schon startete er mit mir zur großen Sonntagvormittagsausfahrt durch unser kleines Villenviertel.

»Na, wie war's?« fragte meine Mama anschließend.

»Hervorragend!« sprudelte mein Papa los.

»Wir überholten alle die anderen Schwachköpfe mit ihren todlangweiligen, alten Promenadewagen!«

Weinen bei kleinen Kindern ist selten auf Erkältung zurückzuführen. Nehmen Sie das Kind auf den Arm, und trösten Sie es, wenn es weint, vielleicht muß es noch ein Bäuerchen machen. Manchmal weint das Kind auch nur, weil es Hunger hat.

Weinen

Manchmal schreie ich aus vollem Hals, dann wird meine Mama nervös und kommt, um mich zu trösten.

Sie weiß gar nicht, was sie alles anstellen soll, damit ich mit dem Schreien aufhöre.

Aber ich höre nicht auf, denn ich möchte ja wissen, was sie sonst noch alles versucht, damit ich aufhöre.

Meistens schreie ich immer dann besonders lange und besonders laut, wenn ich mich langweile.

Mit einem richtigen herzzerreißenden Geschrei kann ich immer erreichen, daß meine Mama und mein Papa wie der Blitz angesprungen kommen.

Sie glauben immer, ich hätte das große Wandregal mit allen Büchern heruntergerissen.

Oder daß ich in den Schornstein gekrabbelt bin.

Oder daß der große Prismenglasleuchter mir auf den Kopf gefallen ist.

Solche Sachen glauben sie wohl jedesmal, und es ist herrlich, wie schnell sie dann versuchen, mich zu trösten, obwohl mir überhaupt nichts auf den Kopf gefallen ist.

Es ist einfach ein wunderschönes Gefühl, getröstet zu werden. Ich weine auch oft, wenn ich etwas nicht darf.

Dann lege ich erst richtig los.

Und dann darf ich es manchmal doch.

Aber wenn ich überhaupt nicht das darf, was ich nicht darf, na ja, dann weine ich einfach weiter.

Denn es könnte ja sein, daß es mir doch noch erlaubt wird.

Diese Art des Weinens, mit kleinen Pausen dazwischen, um schnell zu prüfen, ob sie sich bald geschlagen geben, nennt mein Papa »taktisches Weinen«.

Meine Oma sagt, daß meine Mama und mein Papa nicht immer gleich aufspringen müssen, bloß weil ich ein bißchen weine. »Es schadet dem Jungen nicht, wenn er ab und zu ein bißchen weint, das trainiert die Lungen«, meint sie.

Ich weine auch, wenn ich hungrig bin und mein Fläschchen haben will.

Ich muß auch weinen, denn ich kann ja nicht meiner Mama in der Küche zurufen:

»Hallo, Mama, ich hab' Hunger, gib mir bitte etwas zu essen!« Aber ich kann schließlich weinen, und wenn ich weine, kommt sie auch.

Trotzdem ist es noch ein weiter Weg bis zu meinem Fläschchen mit schöner warmer Milch.

»Mein armer Kleiner«, sagte meine Mama und nimmt mich aus dem Bett.

»Hast du etwas Schlimmes geträumt, Schätzchen?«

Dann tröstet sie mich eine Weile, aber ich habe gar nichts Schlimmes geträumt, ich bin bloß hungrig.

Manchmal schafft sie es auch, daß ich aufhöre zu weinen, zwei Minuten später lege ich aber wieder los, und meine Mama ist wieder da.

»Mußt du vielleicht ein Bäuerchen machen, mein kleiner Liebling?«

Nein, ich habe Hunger, aber wie soll ich ihr das bloß sagen? Es kommt zwar schon manchmal ein Bäuerchen, wenn sie mich hochhebt, und dann ist sie zufrieden und legt mich wieder hin. Ich bin jedoch nicht zufrieden, sondern immer noch hungrig, und augenblicklich schreie ich wieder los, und meine Mama kommt zum dritten oder vierten Mal.

»Es ist ja heute nicht zum Aushalten mit dir«, sagt sie, »jetzt gebe ich dir etwas zu trinken, schöne warme Milch, vielleicht beruhigst du dich dann.«

Nicht wahr, es ist schwer, anderen verständlich zu machen, daß man Hunger hat, wenn man noch in meinem Alter ist und nur weinen kann?

Die jungen Eltern müssen sich darauf einstellen, daß das Kind etwas gereizt und schwer zu beruhigen sein wird, wenn es seinen ersten Zahn bekommt, was normalerweise im Alter von sechs bis sieben Monaten der Fall ist.

Der erste Zahn

Mir geht es gar nicht gut, ich weine und bin sauer und wütend, es geht mir wirklich nicht gut.

Ich kriege meine Beißerchen.

Eigentlich sind es ja Zähne, aber sie sagen immer Beißerchen dazu.

Meine Mama hat schon seit einiger Zeit meinen Gaumen befühlt, um herauszufinden, wo sie denn nun sind.

Die lieben, kleinen Beißerchen.

Der erste kam vor einigen Tagen unten, genau in der Mitte. Es war mein Papa, der ihn plötzlich fand.

»Liebling!« rief er meine Mama herbei und leckte sich den Zeigefinger. »Er ist da! Sein erster Zahn! Mann, o Mann, fast hätte er mir die ganze Hand abgebissen!«

Meine Mama konnte ihn auch sehen, und sie war hellauf begeistert. Es war ganz einfach eine Weltsensation!

Gestern kam noch einer, direkt neben dem ersten.

Jetzt habe ich zwei Zähne.

Meine Mama und mein Papa haben sie schon mehrmals gezählt, und jeder, der ins Haus kommt, kriegt sie vorgeführt.

Bald habe ich keine Lust mehr, sie vorzuzeigen.

»Laß doch die liebe Oma auch einmal deine hübschen kleinen Beißerchen sehen!«

Okay, bitte sehr, aber laß es schnell gehen.

Meine Oma, die alles über Kinder weiß, behauptet, daß ich bald noch zwei Zähne kriege, in drei Monaten wieder zwei, und dann noch mal zwei als Geburtstagsgeschenk.

Ich weiß nicht, wie viele es werden, aber wenn es so weitergeht, werden es bestimmt mindestens hundert.

Vielleicht kriege ich so viele Zähne, wie sie mich aus Omas Wasserglas auf dem Nachttisch immer angrinsen.

Im Alter von 7–8 Monaten kann es von Vorteil sein, das Kind im Laufstall unterzubringen, wo es wohlbehütet und geschützt ist, so daß die Mutter für kurze Zeit den Raum verlassen kann.

Der Laufstall

Meinen Laufstall mag ich nicht besonders.

Mein Opa auch nicht.

»Ich kann den Jungen sehr gut verstehen, wenn er nicht da drin sein mag«, meint er.

»Und ihr gehört ausgerechnet zu denjenigen, die empörte Leserbriefe über die Hühnerhaltung in Legebatterien schreiben!« Dann nimmt er mich aus dem Laufstall auf seinen Schoß und spielt Hoppe-Reiter mit mir, dabei fühle ich mich viel wohler. »Der Laufstall«, sagt mein Opa, »ist bestimmt von demjenigen erfunden worden, der auch Sing-Sing gebaut hat.«

Wenn mein Opa dann mit mir spielt, wird es sehr lustig, und ich vergesse sehr schnell den blöden Laufstall.

Zum Schluß hat mein Opa aber keine Zeit mehr, mit mir zu spielen.

Er will mich dann wieder in den Laufstall setzen. Ich aber werde ganz hysterisch und schreie aus Leibeskräften und trete um mich und will einfach nicht.

Denn jetzt merke ich ja wieder, wie blöd der Laufstall ist.

»Na, na«, beruhigt mich mein Opa, »ein großer Junge weint doch nicht, bloß weil er in den Laufstall soll.«

»So ein schöner, großer Laufstall«, sagt er, »da kannst du ungestört und in Frieden sitzen, während deine Mama das Essen kocht.«

Er gibt mir dann für einen Augenblick seine Uhr, und ich vergesse fast den Laufstall.

Bevor mein Opa geht, flüstert er mir noch etwas ins Ohr, was ich aber noch nicht ganz verstehe:

»Nur Mut, kleiner Mann, eines Tages wird Opa dir eine Feile und ein Stemmeisen hereinschmuggeln, damit du dir etwas Auslauf verschaffen kannst!«

Es ist ganz natürlich, wenn das Kind das schon kleingeschnittene Essen in die Hand nimmt oder es aus dem Mund holt und wieder hineinstopft, wobei es sich das Essen überall hinschmiert.

Füttern des Kindes

Es gibt viel gutes Spielzeug auf der Welt.

Ich denke jetzt nicht an Bauklötze, Stofftiere, Spieldosen, Plastiktiere und solche Dinge.

Ich denke an Essen.

Spielen kann man mit fast jeder Sorte von Essen, das man bekommt.

Haferbrei, um nur ein Beispiel zu nennen.

Den kann mir meine Mama mit dem Löffel in den Mund stecken, und wenn sie dann glaubt, daß ich ihn gegessen habe, hält sie mir den nächsten Löffel vor den Mund, worauf ich alles wieder aus dem Mund herausschiebe, so daß es richtig schön heruntertropft.

Sie stopft es wieder hinein.

Ich schiebe es wieder heraus.

Zum Schluß ist nichts mehr da.

Es klebt dann alles an meinem Lätzchen, und meine Mama gibt mir einen weiteren Löffel mit Brei.

So können wir sehr lange spielen, bis kein Brei mehr da ist.

Kleine Schnitten mit Leberpastete eignen sich auch sehr gut als Spielzeug. Man kann sie in die Hand nehmen und in die Haare klatschen. Weg!

Man kann auch versuchen, sie auf Mamas Nase zu kleben. Oder auf die eigene Nase, weil diese näher ist.

Kleine, runde Fleischklößchen gehören zu dem besten Essen, das ich kenne.

Die kann man nämlich verlieren, so daß sie unter den Tisch rollen.

Dann muß meine Mama sich danach bücken.

Ganz ohne eigene Schuld habe ich einmal meinen großen Bruder mit einem Fleischkloß mitten ins Gesicht getroffen.

Er hatte selbst zwei Frikadellen auf seinem Teller und wollte auch schon eine in die Hand nehmen.

Aber da wurde meine Mama wütend.

»Untersteh dich, zurückzuschießen!« sagte sie sehr streng. Er wagte daraufhin nicht mehr, sie abzufeuern.

Ich konnte ihm aber ansehen, daß er immer noch sehr große Lust dazu hatte.

Dorschrogen mag ich viel lieber als Kartoffelpüree.

Es ist nämlich nichts Besonderes, mit der Hand in Kartoffelpüree zu klatschen.

Aber mit der Hand in Dorschrogen zu klatschen, das macht Spaß, denn es schwappt dann viel lustiger, und die kleinen Dorschkinder springen in alle Richtungen.

Weil sie Angst vor mir haben.

Möhrenbrei und Obstbrei und Bananenbrei und diese Sachen gehören auch zum guten Essen.

Ihr könnt mir glauben, ich habe schon sehr viel mit Brei gespielt.

Von Milch gar nicht zu reden.

Inzwischen ist es so einfach, mein Milchglas umzuschmeißen, daß ich kaum noch Lust dazu habe.

Obwohl es Spaß macht zu beobachten, wohin die Milch zu laufen beschließt.

Gestern nach dem Mittagessen waren meine Mama und mein Papa kurz davor, endgültig an die Decke zu gehen, und mein Papa sagte:

»Großer Gott, nach einem solchen Mittagessen muß es für den Jungen ja direkt langweilig sein, wenn er jetzt wieder mit Bauklötzen spielen soll!«

MAM-
MAM!

PFUiii

Wenn das Kind seinen Willen durchsetzen will, benutzt es als Mittel häufig das Weinen. Taktisches Weinen wird oft angewandt, wenn die Eltern zu nachgiebig gewesen sind. Das Kind kann aber auch aus vielen anderen Gründen weinen, zum Beispiel wenn es seinen Schnuller verloren hat oder sein Fläschchen nicht erreichen kann.

Taktisches Weinen

Ich habe etwas Merkwürdiges festgestellt.

Meine Mama weint nie.

Auch mein Papa nicht.

Mein großer Bruder weint manchmal.

Aber nur, wenn er sich weh getan oder ihn jemand geärgert hat. Bei mir ist das anders!

Ich weine jeden Tag ein bißchen, manchmal auch ein bißchen mehr, und manchmal kann ich gar nicht mehr aufhören.

Obwohl ich auch schon mal vergesse, warum ich weine.

Ich weine einfach.

Meine Mama stellt dann alles mögliche an, damit ich aufhöre. Das kann sehr schön sein.

Es muß aber trotzdem gesagt werden, daß sie es oft direkt darauf anlegt, mich zum Weinen zu bringen.

Sie wäscht mich zum Beispiel.

Wenn sie immer wieder versucht, mit diesem blöden Waschlappen mein Gesicht ganz wegzurubbeln, ist es doch wohl klar, daß ich irgendwann anfange zu weinen.

Wie soll ich ihr denn sonst klarmachen, daß sie aufhören soll zu rubbeln?

Meine Oma findet es merkwürdig, daß Babys so viel weinen. »Sie haben ja überhaupt keinen Grund«, meint sie.

»Wir Erwachsenen dagegen«, sagt sie, »weinen fast nie, obwohl es auf dieser Welt wahrhaftig genug gibt, worüber wir weinen könnten.«

Und nachdenklich fügt sie dann hinzu:

»Ich glaube fast, daß es viel schöner auf der Welt wäre, wenn die Menschen wieder lernen würden zu weinen.«

Wenn Grund zu der Annahme besteht, daß das Kind Fieber hat, sollte in jedem Heim ein Thermometer vorhanden sein; jede Mutter und jeder Vater sollten imstande sein, die Temperatur des Kindes zu messen.

Das fiebernde Kind

Manchmal bin ich wirklich krank, und manchmal glauben meine Mama und mein Papa, daß ich krank bin.

Aber weder sie noch ich entscheiden das.

Sie haben ein längliches Stäbchen, das sie Thermometer nennen.

Es ist das Thermometer, das entscheidet, ob ich krank bin und es mir schlechtgehen soll oder nicht.

Ich kriege das Thermometer in den Popo gesteckt, und hinterher schauen sie sehr angestrengt drauf.

Wenn sie dann ein betrübtes Gesicht machen und anfangen, die Stimme zu senken, dann bin ich krank.

Wenn ich krank bin, habe ich zu nichts Lust, ich will nur im Bett liegen.

Ich mag nicht einmal mit Hannibal sprechen. Oder ihn hoch in die Luft werfen. Oder mich vor ihm verstecken, ganz weit unter der Decke, wo er mich nicht finden kann.

Ich mag gar nichts.

Auch keinen Möhrenbrei oder Bananenbrei, auch nichts von meinem Spielzeug.

Ich tue mir selbst leid.

In der Nacht kommt meine Mama immer wieder zu mir herein und streicht mit der Hand über meine Stirn. Das tut sehr gut. Wenn sie dann wieder das Thermometer in meinen Popo stecken und ein fröhliches Gesicht machen, nachdem sie es studiert haben, bin ich wieder gesund.

Und meine Mama sagt dann auch wieder:

»Wenn du heute nacht durstig wirst, mein Schatz, brauchst du mich nur zu rufen – Papa bringt dir dann schöne warme Milch!«

Und mein Papa nickt mir zu und sagt:

»Ja, mein Junge, in diesem Haus herrscht durchgehender Tag-und-Nacht-Service!«

Sowohl Flaschen- als auch Brustkinder sollten zusätzlich Vitamine erhalten, jedoch müssen sich die Eltern genauestens an die Vorgaben halten und niemals überdosieren. Es ist auch wichtig zu wissen, welche Vitamine in den verschiedenen Nahrungsmitteln enthalten sind, zum Beispiel Vitamin A in Möhren, Vitamin ABCD in Dorschrogen, Vitamin D in Hering, Makrele und Dorschleber, und so weiter.

Vitamine

Vitamine sind gesund, behaupten meine Mama und mein Papa. So ganz genau weiß ich zwar nicht, was Vitamine sind, sondern nur, daß sie sich in ein paar Tropfen auf einem Löffel befinden, den mir meine Mama gibt.

Es ist Lebertran, und wenn meine Mama den Löffel wieder aus meinem Mund nimmt, liegen die Vitamine immer noch auf dem Löffel.

Bis meine Oma eines Tages vorgeschlagen hat, den Lebertran einfach in einen Löffel mit Milch hineinzutropfen, und jetzt sind die Vitamine immer verschwunden, wenn ich meine Milch gegessen habe.

Bei den Mahlzeiten fragt mein großer Bruder manchmal, in welchem Essen Vitamine sind.

Er fragt immer gerne solche Sachen, und obwohl er nicht mit vollem Mund reden darf, bekommt er fast immer eine Antwort, weil es ja eine vernünftige Frage ist.

»Sind in meiner Makrele Vitamine?« fragte er gestern.

»Ja, Vitamin B«, antwortete meine Mama.

»Auch in einem Hering?«

»Ja, Vitamin D wie in Lebertran und Dorschleber.«

»Sind in unserem Goldfisch auch Vitamine?«

»Ja, aber Goldfische kann man nicht essen«, antwortete meine Mama.

Sie sagte auch, daß er jetzt den Mund halten und essen sollte. Aber mein großer Bruder war mit seinen Vitaminfragen noch nicht fertig.

»Hat Schokolade auch Vitamine?«

»Auf alle Fälle sind jede Menge Kalorien drin, wovon man dick und fett wird, und Zahnschmerzen sind in Schokolade.«

Sagte meine Mama.

In diesem Augenblick schmiß ich eine Tasse um, und wir

waren damit beschäftigt, alles wieder aufzuwischen, und mein großer Bruder sagte nichts mehr von Vitaminen.

Aber als er mit dem Essen fertig war, fragte er wieder: »Mama, eine Möwe, die hoch oben in der Luft fliegt, hat die auch Vitamine?«

»Ja, natürlich«, antwortete meine Mama, »sehr viele sogar, denn Möwen ernähren sich von Fischen, die ja mit Vitaminen vollgestopft sind.«

»Dann waren also auch Vitamine in dem Möwenschiß, den damals eine Möwe auf Brüderchens Kinderwagen fallen ließ«, stellte mein Bruder fest.

Doch das war für meine Mama zuviel, sie wollte kein Wort mehr über Vitamine hören, und mein großer Bruder schwieg still.

Als wir alle mit dem Essen fertig waren und auch keine Tassen mehr umschmeißen konnten, sagte er zu meinem Papa:

»Du, Papa, darf ich noch ein einziges Mal nach Vitaminen fragen, weil sie doch so gesund sind?«

»Na gut, dann frag mal.«

»Wie viele Vitamine hat ein Elefant unten in Afrika?«

Das konnte mein Papa aber nicht beantworten, denn Vitamine könne man nicht so ohne weiteres zusammenzählen.

»Vitamine sind etwas, das überall in einem Elefanten verteilt ist«, sagte er.

Danach hatte mein großer Bruder nur noch eine Kleinigkeit zu sagen, womit aber auch die Diskussion über Vitamine endgültig beendet war, nämlich:

»Dann sind also auch Vitamine in einem Elefantenpups?«

Wenn das Kind sich weigert zu essen, sollte man es nicht zu stark nötigen und niemals dazu zwingen. Das schafft nur Trotz, woraus sich dann eine tatsächliche Essensverweigerung entwickeln kann.

Essensverweigerung

Manchmal will ich nichts essen und presse die Lippen fest zusammen, wenn sich der Löffel mit dem Brei nähert.

»Jetzt iß schön!« sagt meine Mama dann.

Sie kostet den Brei und versucht noch einmal, mir einen Löffel in den Mund zu stecken, aber ich kneife ihn zu.

»Heute ist er wieder mal völlig unmöglich«, sagt sie zu meinem Papa. »Dann laß mich mal«, sagt er, nimmt den Löffel, packt Brei drauf und fährt damit vor meinem Gesicht hin und her.

»Brzzzz«, surrt er dabei, »jetzt kommt das große, große Flugzeug, und weißt du, was es jetzt soll?«

Nein, das weiß ich nicht.

»Das große, große Flugzeug soll in die Garage ... Mach schön den Mund auf, damit das große, große Flugzeug in die Garage kommen kann ... Brzzz!«

Gut, ich mache also den Mund auf, so daß mein Papa den Brei abladen kann, und dann lachen wir und versuchen es noch einmal. »Brzzz ... jetzt kommt das große, große Flugzeug wieder.«

Ich öffne meinen Mund, damit das Flugzeug hineinkann, und wir lachen wieder.

Meine Mama sitzt da und nickt und sieht sehr zufrieden aus.

»Heute sind aber viele Flugzeuge unterwegs«, meint sie.

Schon kommt das nächste an, und ich mache schnell den Mund auf.

»Den Rest kann er jetzt wohl ohne Flugzeug essen«, findet dann meine Mama.

Mein Papa sieht sie scharf an, macht den Löffel ganz, ganz voll und sagt:

»Nichts da, hier ist der Kontrollturm, jetzt kommt der große, große Jumbo-Jet! Brzzzz!«

Die Eltern können nicht verhindern, daß das Kind Spielzeug in den Mund steckt. Sie können aber darauf achten, daß die Spielsachen und andere Dinge, mit denen das Kind spielt, so groß sind, daß sie nicht verschluckt werden können.

Gefährliches Spielzeug

An einigen meiner Spielsachen mag ich gern lutschen und sie in den Mund stecken.

Manches aber schmeckt puh-ba!

Außer meinem Spielzeug gibt es noch viele andere Sachen, die gut schmecken, wenn man sie in den Mund steckt und daran lutscht.

Teppichfransen habe ich schon viele gegessen.

Nicht, weil sie nach etwas Besonderem schmecken.

Möhrenbrei und Obstbrei schmecken eigentlich ebenso gut. Vielleicht sogar besser, aber die Fransen esse ich ja auch nur so zum Zeitvertreib.

Übrigens habe ich gerade ein Geld gegessen. Es war meiner Mama aus der Hand gefallen.

Als sie es aufheben wollte, hatte ich es schon in den Mund gesteckt, weil es direkt vor mich gerollt war.

»Pfui-ba, pfui!« rief meine Mama, und ich sollte das Geld sofort wieder ausspucken.

Aber ich spuckte es nicht aus.

Ich spuckte es weiter in mich hinein.

Und plötzlich hatte ich es gegessen.

Meine Mama sagte, ich solle den Mund weit aufmachen, aber dazu hatte ich keine Lust.

Sie mußte die Finger zu Hilfe nehmen, um mir in den Mund gucken zu können.

Ihr Gesicht wurde völlig schief, als sie sah, daß das Geld weg war.

»Um Himmels willen, Junge, du hast es doch nicht etwa verschluckt?« rief sie entsetzt.

Genau das hatte ich.

Na und?

Meine Mama war immer noch ganz durcheinander, als mein Papa von der Arbeit kam.

Sie erzählte es ihm.

»Aber so beruhige dich doch«, sagte er.

»Wenn du die Münze nicht unbedingt sofort brauchst, dann kommt sie schon ganz von allein wieder, wenn der Junge morgen auf dem Topf sitzt.«

So lange wollte meine Mama aber nicht waren.

Sie setzte mich sofort auf den Topf.

»Ist etwas gekommen?« fragte meine Oma jeden Augenblick.

»Nichts«, antwortete meine Mama und hob mich hoch, um noch einmal im Topf nachzusehen.

»Nicht einmal ein Tröpfchen!«

»Wir müssen wohl doch den Arzt anrufen.«

»Oder das Finanzamt«, meinte mein Papa, »die kennen doch alle Tricks, die letzten Münzen aus den Leuten herauszuholen!«

Meine Oma sah mich sehr ernst an, machte ein paar tiefe Falten in ihre Stirn und sagte sehr streng:

»Pfuiiii! Bubilein darf nie mehr schlimmes Geld essen, ist bah-bah, gar nicht gut schmecken!

Oh, oh, oh, schlimmes, schlimmes Bah-Bah-Geld!«

Fast immer spricht meine Oma so komisch mit mir, kleine Kinder können das ja kaum verstehen.

Als mein Papa gegessen hatte, kam er nachsehen, wie die Sache stand.

»Immer noch kein Treffer?« fragte er.

Meine Mama schüttelte den Kopf, woraufhin mein Papa mich auf den Arm nahm und im Badezimmer noch einmal auf den Topf setzte.

Hier störte uns niemand, und als er mich vom Topf hob, war alles gelaufen.

»Liebling!« rief er.

»Komm schnell gucken!

Eine 10-Öre-Münze! Phantastisch, Vater von einem Kind zu sein, das goldene Eier legt!«

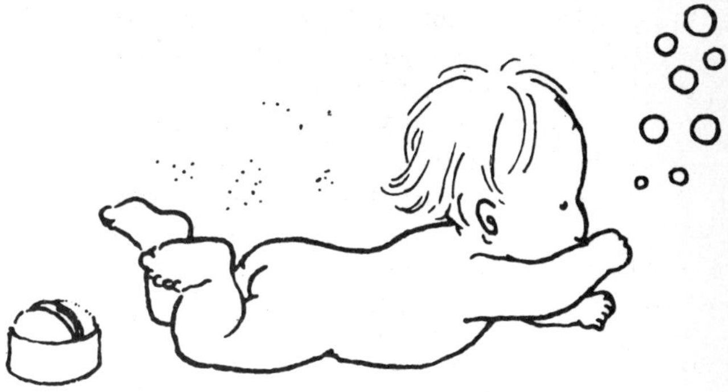

UHHH!

Kinder werden mit einem natürlichen Bedürfnis zum Lutschen geboren. Über die unhygienische Erfindung Schnuller läßt sich jedoch nichts Gutes sagen. Jeden Augenblick fällt der Schnuller auf den Fußboden, aus der Wiege, aus dem Kinderwagen und aus dem Bett. Häufig wird er dann nur oberflächlich wieder gereinigt, bevor er weiterbenutzt wird.

Der Schnuller

Natürlich schmecken Haferschleim, Möhrengemüse, Kartoffelbrei und diese Sachen sehr gut.

Mein Schnuller aber schmeckt fast am allerbesten.

Ich besitze sechs Schnuller.

Dazu kommen noch zwei, in die ich aber ein Loch gebissen habe, die sind nicht besonders, da ist zu wenig Aroma drin, oder wie das Zeug heißt, das einem Schnuller den guten Geschmack gibt.

Mein Schnuller ist auch gut, wenn ich weine.

Ich höre fast immer damit auf, wenn ich meinen Schnuller kriege.

Ab und zu hat meine Oma einen besonders guten Schnuller für mich.

Wenn ich das bin, was sie unmanierlich nennt, dann taucht sie den Schnuller in die Zuckerdose.

Meine Mama und mein Papa haben ihr verboten, den Schnuller überhaupt in irgend etwas zu tauchen.

Sie sind beide sehr dagegen, daß ich einen Schnuller habe. Mein Papa behauptet, der Schnuller sei ein Überbleibsel aus einer dunklen, unaufgeklärten Zeit.

Und meine Mama meint, daß durch einen Schnuller später die Zähne schief wachsen können.

All solchen Quatsch sagen sie, aber sie geben mir trotzdem immer wieder meinen Schnuller, wenn ich mich nicht beruhigen will.

Gut, nicht?

Gerade haben sie gesagt, daß sie mir den Schnuller bald ganz abgewöhnen werden.

Nun, ihr könnt es ja versuchen, aber ihr müßt euch auf einen schweren Kampf einstellen.

Ich bin bereit, alle meine sechs Schnuller zu verteidigen, bis ... bis zum letzten Schnuller.

Einige ansteckende Kinderkrankheiten sind sehr häufig, fast alle Kinder werden davon betroffen. Die Eltern dürfen jedoch niemals etwas auf die leichte Schulter nehmen, sondern sollten immer den Arzt zu Rate ziehen, damit das Kind die richtige Behandlung erhält.

Kinderkrankheiten

Mir geht's schlecht.

Ich liege in meinem Bett und darf gar nichts, weil meine Mama sagt, daß ich krank bin und Mumps habe, weil es hinter meinen Ohren ganz dick geschwollen ist.

Mein Papa liest in einem dicken Buch und sagt, er glaube, daß ich die Röteln habe, weil ich einen roten Fleck unter der Nase habe.

Er liest weiter und meint dann, daß es vielleicht auch Wasserpocken sind, weil sich eine winzigkleine, mit irgendeiner Flüssigkeit gefüllte Blase mitten in dem roten Fleck unter meiner Nase befindet.

Meine Mama aber wischt den Fleck mit einem Taschentuch weg, und dann sind es keine Wasserpocken mehr.

Mein Papa liest weiter in dem dicken Buch und untersucht dann meinen ganzen Körper mit einer großen Lupe.

»Masern«, sagt er daraufhin, »wir müssen den Arzt rufen, der Junge hat ja am ganzen Körper lauter Pickel!«

Im Buch steht, erzählt mein Papa, daß die Augen anfangen zu tränen und sich röten.

Und laut liest er weiter:

»Außerdem erfolgt ein Ausschlag von roten und ungleichmäßigen Pickeln.«

Der Onkel Doktor kommt dann auch, und während er mich untersucht, machen meine Mama und mein Papa ganz ernste Gesichter. »Obstpickel«, sagt er dann, »bis auf weiteres keinen Obstbrei.«

»Keine Medizin?« fragt meine Mama.

»Penicillin oder so etwas?«

Der Onkel Doktor streicht mir über das Haar.

»Lassen Sie ihn lieber aufstehen und weiter seine Streiche machen, das wird eher helfen!« sagt er.

Der Onkel Doktor ist lieb.

Beim Baden des Kindes sollte sich die Mutter immer viel Zeit lassen, da es immer etwas dauert, bis sich das Kind im Wasser zurechtfindet. Andererseits darf das Bad auch nicht so weit ausgedehnt werden, daß das Kind anfängt zu frieren.

Baden

Ich habe gerade gebadet.

Es ist gleichzeitig doof und herrlich.

Es ist doof, wenn ich in die Badewanne soll, denn das will ich nicht und fange an zu weinen.

Ich werde aber trotzdem ins Wasser gesteckt, und meistens höre ich dann auch auf zu weinen.

Es ist herrlich, wenn ich in der Wanne sitze und mit dem Wasser spielen darf.

Und es ist doof, wenn ich wieder heraus soll, denn das will ich nie.

Ich weine dann wieder ein bißchen, aber meine Mama nimmt mich trotzdem heraus.

Dann ist es wieder herrlich, wenn ich abgetrocknet worden bin und ganz einfach so dasitze.

Vorhin, als ich mich gerade richtig wohl fühlte, kam mein Papa, um zu sehen, wie sauber ich geworden war.

Er befühlte meinen Arm, oben an der Schulter.

»Donnerwetter, Junge!« rief er und machte ein imponiertes Gesicht, »hast du etwa schon Muskeln gekriegt?«

Mein großer Bruder hat auch Muskeln, und er behauptet, er könnte alle auf der ganzen Welt verhauen.

Mein Papa holte meine Mama und wollte richtig mit mir angeben. »Schau mal, Liebling«, sagte er, »der Bengel kriegt schon Muskeln, fühl mal!«

Meine Mama nahm mich auf den Arm, drückte mich ganz fest an sich und gab mir auf die Backe einen Kuß.

»Ich meinte aber die Muskeln in den Armen«, sagte mein Papa. Meine Mama betastete meine Armmuskeln.

»O ja, Donnerwetter!« rief sie. »Riesenmuskeln!«

»Es wurde ja auch Zeit«, fuhr sie fort und blickte dabei meinen Papa an, »daß ein richtiger Muskelmann in dieses Haus kommt.«

Im Alter von 10–12 Monaten beginnt das Kind, die Erwachsenen nachzuahmen; lacht man, lacht das Kind auch, sieht es seine größeren Geschwister zeichnen oder schreiben, versucht es ebenfalls, die Buntstifte zu ergattern, um genau das gleiche zu tun.

Der Nachahmungstrieb

Ich kann schon eine Menge.

Auf Papas Taschenrechner kann ich bis 999 999 999 rechnen.

Und ich kann bis zwei zählen.

Das hat mir meine Oma beigebracht.

»Hör mal zu, mein kleiner Liebling«, sagt sie, »deine Mama ist *eine,* die dich liebhat.«

Dabei streckt sie einen Finger hoch.

»Und dein Papa ist auch *einer,* der dich liebhat.«

Dabei streckt sie noch einen Finger hoch.

»Macht zusammen *zwei*«, sagt sie.

»Eine liebe Mama und ein lieber Papa, das ist genau das, was ein kleines Kerlchen wie du braucht!«

Wenn meine Oma richtig gerechnet hat, kann ich also bis zwei zählen.

Aber ich kann noch mehr.

Ich kann einen schönen Brief an meine Mama schreiben.

Dazu nehme ich den roten Buntstift von meinem großen Bruder und schreibe den Brief an die Wand, damit meine Mama ihn sehen und sich darüber freuen kann.

Ich schreibe:

»Liebe Mama, Du bist die beste auf der Welt?«

Ganz genau weiß ich nicht, mit welchen Strichen man das buchstabiert, und sicherheitshalber zeichne ich daher noch ein Bild meiner Mama dazu.

Damit sie sofort erkennen kann, daß der Brief für sie ist.

Ich schreibe auch an meinen Papa:

»Lieber Papa, Du bist auch der beste auf der Welt, auf einem guten zweiten Platz!«

Nur ein Problem habe ich noch nicht gelöst.

Mit welchen roten Strichen schreibt man:

»Viele herzliche Grüße und 999 999 999 Küsse«?

Wenn die Mutter selbst Kleidung für das Baby stricken will, muß sie darauf achten, daß es dem Kind nicht zu warm wird, was leider häufig der Fall ist.

Selbstgestricke Babysachen

Meine Oma ist Weltmeister darin, für mich etwas zum Anziehen zu stricken.

Sie strickt Pullover und Strampelanzüge und Mützen und Handschuhe und Strümpfe und so weiter.

Ich bin nicht ganz sicher, ob es stimmt, daß sie auch Windeln und Topflappen für mich strickt.

Das jedenfalls behauptet mein Papa.

Die Pullover muß ich immer dann anziehen, wenn meine Mama friert.

Aber ich friere nie, wenn ich die selbstgestrickten Pullover anhabe. Ich schwitze.

Wenn ich erkältet bin, muß ich auch eine Menge selbstgestrickter Pullover anziehen, dazu Mützen und Handschuhe, und dann schwitze ich.

Meine Oma mag es nicht, wenn meine Mama fragt, ob die Ärmel nicht vielleicht etwas zu lang sind.

Das sind sie nämlich immer.

Wenn meine Oma es nicht hört, behauptet mein Papa, die Ärmel könnten fast einmal um die Erde reichen, und das am Äquator! Meine Mama freut sich über die selbstgestrickten Sachen, auch wenn ich sie nicht ganz auftragen kann.

»Man kann ja nie wissen«, sagte sie, »ob nicht noch eins dazukommt.«

»Auf jeden Fall reicht es bestimmt für noch eins«, meint sie. »Für noch eins?« überlegt mein Papa und blickt auf die Berge von Pullovern und Anzügen, die meine Oma gestrickt hat.

»Es ist genug da für so viele Babys, daß sie, wenn sie sich anfassen ...«

»Ja, ja«, sagt meine Mama, »daß sie einmal um die Erde reichen können, und das am Äquator!«

In regelmäßigen Abständen sollten Größe und Gewicht des Kindes kontrolliert werden, um die Werte mit den Normtabellen zu vergleichen, die jede junge Familie zur Hand haben sollte.

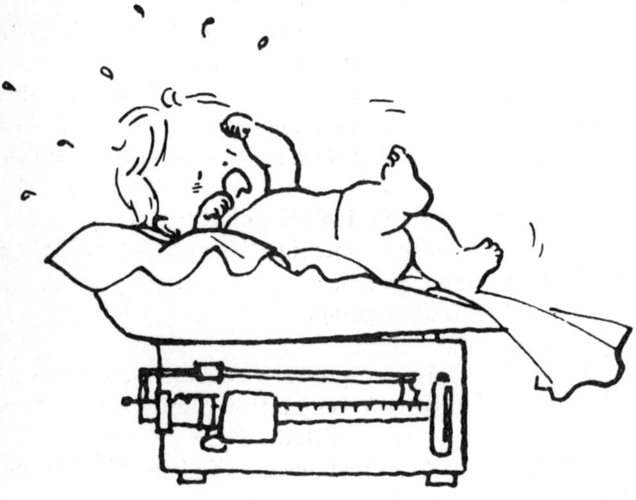

Wiegen und Messen

Es ist immer etwas los, wenn ich gewogen und gemessen werden soll.

Und obwohl ich die ganze Zeit strample und genau das Gegenteil von dem tue, was meine Mama sagt, macht es im Grunde viel Spaß.

Als ich noch ganz klein war, machte es nicht so viel Spaß. Damals kam immer eine Dame zu mir, das war eine Säuglingsschwester.

Sie mußte mich auch wiegen.

Dazu hängte sie mich in meiner Windel auf, mit einem Gerät, das wie eine Kartoffelwaage aussah.

Und dann hing ich da und schaukelte zwischen Himmel und Erde, während die Dame die Windel und mich scharf beobachtete, und plötzlich konnte sie dann sagen, wieviel ich wog.

Zu mir sagte sie dann, ich sei ein großer Junge.

Zu meiner Mama aber sagte sie, ich sei etwas klein im Verhältnis zu meinem Gewicht.

Und damit war alles gesagt.

Aber jetzt!

Jetzt ist es immer eine große Galavorstellung, mich zu wiegen und zu messen, weil es jetzt meine Mama macht und weil sie dazu die Waage im Badezimmer benutzt.

Wenn sie mich darauflegt, wiege ich alles mögliche zwischen Himmel und Erde.

»Du darfst ihn nicht festhalten«, sagt mein Papa, »laß ihn doch los, kein Baby wiegt zweiundzwanzigeinhalb Kilo!«

Dann läßt meine Mama mich los, ich strample mich von der Waage runter und wiege plötzlich null Kilo, woraufhin wir uns alle drei amüsieren und es noch einmal versuchen.

Mein Papa sitzt mit sämtlichen Gewichtstabellen in der

Hand da und behauptet, meine Idealgröße nicht ausrechnen zu können, bevor er nicht mein exaktes Gewicht hat.

Das hat er aber noch nie bekommen, weil ich immer auf der Waage zapple, wie ein Fisch an der Angel.

Sagt meine Mama.

Es ist genauso schwer, mich zu messen.

Sie wollen immer wissen, wie lang ich vom einen Ende bis ganz zum anderen bin.

Mein Papa nimmt dabei etwas, das er ein Zentimetermaß nennt, und sagt, ich soll mich ganz gerade halten.

Ich rolle mich aber zusammen, sosehr ich kann!

Aber das tue ich nur, damit wir alle viel Spaß haben.

Wenn ich immer alles tun würde, was mir Mama und Papa sagen, würde ich im Leben längst nicht so viel Spaß haben!

So viel habe ich jedenfalls schon gelernt.

Mit einigem Glück erhält mein Papa dann ein paar Maße, die er sich alle notiert.

Meine Mama kann nicht verstehen, was er mit so vielen Maßen anfangen will.

»Sieh mal«, erklärt er, »aus der Gesamtsumme errechne ich eine Durchschnittszahl, damit habe ich ein brauchbares Maß.«

»Und was ergibt sich heute als Endergebnis?« fragte meine Mama gestern abend, als ich wieder gemessen und gewogen worden war, wobei ich aber immer wieder von der Waage rollen konnte.

»Tja, das Endergebnis«, meinte mein Papa nachdenklich, »nach meinen Unterlagen ist er 68 Komma 5 Zentimeter groß und wiegt null Kilo.«

»Null Kilo«, sagte meine Mama, wobei sie mich auf den Arm nahm und fest an sich drückte, »dann mußt du aber mehr Spinatbrei essen, mein Schatz!«

Die Weltgesundheitsbehörde spricht vom körperlichen Wohlbefinden, wenn jemand ausreichend zu essen, genügend Entspannung, eine gute Wohnmöglichkeit und die notwendige Kleidung hat. Luxusbetonte Gebrauchsgüter sind für das Wohlbefinden völlig überflüssig, insbesondere beim kleinen Kind.

Wohlbefinden

Meine Mama behauptet, daß meine Oma mich verwöhnt.

Sie sagt, es sei nicht gut für mich, daß meine Oma mich an luxusbetonte Gebrauchsgüter gewöhnt.

Meine Oma gibt mir nämlich Ogolala.

Fast kann ich es schon selbst richtig aussprechen: »Ogolala.«

Auf dem Papier jedoch, in das die Ogolala eingepackt ist, steht Schokolade.

Vor kurzem kam meine Oma wieder zu Besuch.

Ich mag es, wenn meine Oma kommt.

Denn dann passiert so viel mit mir.

Ich und meine Oma können so schön zusammen spielen.

Das allerbeste ist natürlich, daß sie immer ein Stückchen Ogolala für mich mitbringt.

Sie hat es auch dann, wenn sie behauptet, es vergessen zu haben!

Sie tut dann immer so, als ob sie es nicht finden kann.

Und sucht in ihrer Tasche und überall.

Aber ich bin ja nicht von gestern!

Und auch nicht heute nacht erst in der Schleuder getrocknet!

Deshalb weiß ich genau, daß sie zum Schluß doch noch die Ogolala findet.

Und wie sie sich dann freut!

Ich freue mich auch und mache schnell den Mund auf.

»Siehst du«, sagt meine Oma und packt aus, » die Oma hat für ihr kleines Schätzchen ja doch noch große, große Ogolala mitgebracht!«

Da habe ich aber Glück gehabt!

Und dann esse ich Ogolala mit dem ganzen Gesicht, worauf meine Mama sagt, daß Oma mich schon wieder verwöhnt.

Meine Mama meint, ich sollte lieber Möhrenbrei essen. Aber meine Oma antwortet, daß die Welt nicht einzig und allein aus Möhrenbrei besteht. Und davon profitiere ich.

Wenn die Eltern es wollen, können sie das Kind ruhig schon auf den Topf setzen, wenn es etwa 8–9 Monate alt ist; sie dürfen jedoch nicht sofort einen Erfolg erwarten und auch niemals das Kind zwingen, länger auf dem Topf zu sitzen, als es selbst will.

Der Topf

Ich kann auf dem Topf sitzen.

Ich habe gerade erst damit angefangen, und ich kann schon mit ganz geradem Rücken sitzen, wie meine Mama es gerne möchte. Noch weiß ich nicht, warum ich auf dem Topf sitzen soll, aber es macht mir nichts aus, solange ich nicht den ganzen Tag da sitzen soll.

Ab und zu hebt mich meine Mama vom Topf hoch, um nachzusehen, ob er immer noch da ist.

Und dann will sie von mir, daß ich ein großes, großes Pipi mache.

Das kann ich aber nicht.

Wenn ich dann anfange zu weinen, darf ich runter vom Topf, worauf ich ein großes Pipi auf den Fußboden mache, nur um ihr eine Freude zu machen.

Gestern riet meine Oma, die alles über kleine Kinder weiß, daß sie mir eine Banane geben sollten, damit ich etwas zu lutschen hätte, während ich auf dem Topf sitze.

»Der Topf lenkt ihn zu sehr ab«, sagte sie.

»Wenn aber seine Aufmerksamkeit und seine Gedanken von der Banane in Anspruch genommen werden, vergißt er den Topf, und ihr werdet schon sehen ... dann läuft alles, groß und klein!«

Sie gaben mir ein Stück Banane und taten alle so, als ob weder ich noch der Topf im Zimmer seien.

Ich legte die Banane in den Topf.

Kurz danach hob meine Mama mich hoch.

Meine Oma hatte gerade ihre Brille nicht auf und rief triumphierend:

»Na also!«

»Nichts da«, meinte mein Papa und schüttelte ärgerlich den Kopf.

»Es ist nichts als eine Attrappe, liebe Schwiegermutter!«

Wenn das Kind etwa 8–9 Monate als ist, braucht das Essen nicht mehr immer püriert zu werden. Das Kind wird auch bald selbst Wert darauf legen, das gleiche zu tun wie die übrige Familie, genauso wie es verhältnismäßig schnell lernt, mit seinem eigenen Löffel zu essen.

Kleckern bei Tisch

Es grenzt manchmal an eine Zirkusnummer, wenn ich esse. Ich kann nämlich mit dem Löffel essen.

Als ich klein war, konnte ich das noch nicht.

Damals hat immer meine Mama für mich mit dem Löffel gegessen. »Jetzt iß mal schön«, sagt meine Mama heute, wenn ich das Lätzchen anhabe, und dann esse ich schön, bis sich plötzlich der Haferbrei in den Haaren befindet oder etwas davon auf dem Fußboden landet.

Wenn meine Mama es wegwischt, kommt mein großer Auftritt.

Ich patsche feste mit der Hand in meinen Teller, so daß sich der Haferbrei beeilt, nach allen Seiten zu springen, und dann freue ich mich.

Meine Mama freut sich nicht, mein Papa auch nicht, aber mein großer Bruder lacht.

Dann ist mein Papa der Meinung, daß es *jetzt* genug sei, und meine Mama entfernt den Haferbrei aus meinen Haaren, von der Tischdecke, vom Stuhl und aus dem Milchbecher.

Sie meint, ich sei wohl doch noch zu klein, um mit dem Löffel zu essen.

Worauf sie mir den Löffel wegnimmt.

Aber das hätte sie nicht tun sollen.

Denn dann schreie ich, um meinen Löffel wiederzukriegen, manchmal kippe ich auch meinen Milchbecher um, oder mein großer Bruder tut das, weil er dabei helfen will, mich zu füttern.

Als es gestern wieder auf der Kippe stand und mein Papa kurz davor war, an die Decke zu gehen, sagte er:

»Wenn wir jetzt alle eine rote Pappnase hätten, könnten wir mit dieser Nummer im Zirkus Krone auftreten!«

O Mann, das wär doch was!

Wenn das Kind im Alter von 8–9 Monaten schon selbst sitzen kann, darf die Mutter es bereits für einen kurzen Moment allein lassen. Allein durch die Nähe der Mutter, etwa in der angrenzenden Küche, wird das instinktive Kontaktbedürfnis des Kindes befriedigt, wobei auch die Stimme der Mutter dem Kind das notwendige Gefühl von Ruhe und Geborgenheit gibt.

Kontaktbedürfnis

Ich behaupte ja nicht, daß ich hier auf dem Fußboden sitze und mich langweile.

Ich verlange auch nicht, daß meine Mama die ganze Zeit mit mir spielen soll.

Ich finde nur, daß es nicht besonders lustig ist, bloß auf meinem Popo zu sitzen und darauf zu warten, daß etwas passiert.

Es passiert nämlich nichts.

Meine Mama hat mich mitten ins Wohnzimmer gesetzt.

Bumms, setzte sie mich hin.

Und mitten im Wohnzimmer ist der blödeste Platz im ganzen Haus, weil es hier überhaupt nichts gibt, an dem ich fummeln kann, auch nichts umzuwerfen oder kaputtzureißen.

Hier gibt es nur mich und Hannibal.

»So, mein kleiner Schatz«, sagte meine Mama, als sie mich hinsetzte, »hier könnt ihr beide wohl einen Augenblick sitzen und spielen, während Mama in der Küche etwas zu tun hat.«

Was soll ich denn spielen?

Ab und zu guckt meine Mama aus der Küche zu uns herein.

Und meint dann, daß wir hier aber schön sitzen.

Und auch, daß ich wirklich ein großer Junge bin.

Das bin ich aber nicht, ich bin ein kleiner Junge.

Ein kleiner Junge, der gleich anfängt zu heulen.

Alles, was ich kann.

Jetzt muß nämlich etwas geschehen.

Ich und Hannibal sind ja nicht dazu geboren, die ganze Zeit hier herumzusitzen und dabei ganz allein auf der Welt zu sein.

Bloß weil meine Mama Kartoffeln schälen will.

Mit 9 Monaten fängt das Kind an zu krabbeln, es scheut jetzt keine Anstrengungen, um an die vielen interessanten Dinge im Haus heranzukommen, alles wird untersucht und hochgehoben, es wird daran geschmeckt, und nach Möglichkeit wird es umgeworfen.

Das Krabbelalter

Ich kann krabbeln.

Ich kann ganz bis ans andere Ende der Welt krabbeln.

Das andere Ende der Welt liegt draußen im Wintergraten, aber dort darf ich nicht herumkrabbeln.

Weil es da so vieles gibt, das ich umwerfen könnte.

Alle Blumen von Mama und solch lustige Sachen.

Einige davon schmecken ganz gut, aber nur in kleinen Portionen.

Ich kann aber auch auf eine völlig neuartige Art und Weise krabbeln.

Habe ich mir selbst beigebracht.

Ich sitze dabei auf meinem Popo und benutze das eine Bein wie eine Rudermaschine, so sagt jedenfalls meine Mama, und dann geht es los, in fliegender Fahrt.

Es geht auf jeden Fall schnell.

Ich kann nicht verstehen, warum meine Mama und mein Papa und mein großer Bruder und auch alle anderen niemals krabbeln.

Wenn man krabbelt, sieht man mehr.

Man kommt zum Beispiel unter alle Tische.

Oder zwischen die Stuhlbeine.

Ich habe noch nie meinen Opa zwischen den Stuhlbeinen krabbeln sehen.

Vielleicht hat er es nie gelernt.

Wenn man Glück hat, kann man an einem Stuhl rütteln, so daß er furchtbare Angst kriegt und mit einem lauten Knall umfällt.

Als ich gestern gerade mit Höchstgeschwindigkeit durchs Zimmer krabbelte, sagte meine Mama:

»Wenn es Weltmeisterschaften im Krabbeln gäbe, würde er bestimmt Gold holen.«

»Ja«, stimmte mein Papa ihr zu und sah dabei sehr stolz aus.

»Und dann würde er auf das Siegerpodest krabbeln, die Flagge würde gehißt, und die Nationalhymne gespielt ... für unseren Sohn!«

Sie küßten sich, so stolz waren sie.

Jedes Kind, und das war schon bei den Höhlenmenschen von Altamira der Fall, besitzt eine Reihe künstlerische Fähigkeiten, insbesondere zeigt sich schon sehr früh die Fähigkeit, etwas hervorzubringen, das einer Art primitiver Malkunst nahekommt.

Künstlerische Fähigkeiten

Erdbeermarmelade kann man essen.

Natürlich kann man kein ganzes Glas Marmelade essen.

Aber man kann die Hand hineintauchen und dann die Finger wieder sauberlutschen.

Jedenfalls so sauber, wie man gerade Lust hat.

Denn Erdbeermarmelade schmeckt nur am Anfang gut.

Dann wird es langweilig, und man mag nicht mehr.

Aber es gibt ja noch so vieles andere, was man damit machen kann.

Wenn man für einen Augenblick allein in der Küche ist.

Und von Mamas neuer Erdbeermarmelade ein Glas erwischen kann, von dem mein großer Bruder den Deckel abnehmen konnte, um daran zu schlecken.

Vieles von dem, was man mit Marmelade tun kann, macht man besser, wenn es niemand sieht.

Man kann hübsche Bilder an die Wand malen, hübsche Bilder, auf denen man auch etwas erkennen kann.

Auch auf dem Fußboden kann man Bilder malen.

Und zum Schluß kann man sich selbst bemalen.

Man kann Marmelade auf die Kleidung schmieren.

Und übers Gesicht und in die Haare.

Dann wird man ein sehr dekoratives kleines Kind.

Ich freue mich schon darauf, daß meine Mama gleich kommt und mich sieht.

Ganz bestimmt wird sie begeistert die Hände zusammenschlagen und ausrufen:

»Oh, mein lieber Schatz, du spielst aber schön mit Mamas Marmelade!

Bist du aber ein tüchtiger, großer Junge!«

Das wird sie ganz sicher sagen, wenn sie sieht, daß ich die ganze Marmelade zum Malen gebraucht habe.

Kleine, weiche Teddys, Stoffhunde und andere kleine Stofftiere sind für das kleine Kind mehr als nur Spielzeug, es sind unentbehrliche Dinge, mit denen das Kind sich wohl fühlt, wenn sie in seiner Nähe sind, insbesondere zur Schlafenszeit.

Schmusetiere

Hannibal ist mein bester Freund auf der ganzen Welt.

Mein großer Bruder sagt aber, Hannibal sei nur ein Stoffteddy.

Ein Stoffteddy?

Es mag ja sein, daß Hannibal ein Teddy ist wie alle anderen Teddys auch.

Er ist aber viel lieber.

Meinen Hannibal kann ich überhaupt nicht entbehren.

Am allermeisten mag ich ihn deswegen, weil er sich so gern an mich kuscheln und mit mir schmusen mag.

Wenn wir abends schlafen gegangen sind, ist er es, der am besten auf mich aufpassen kann.

Damit niemand kommt und mich wegnimmt.

Und wenn es morgens wieder hell wird, dann hat Hannibal die ganze Nacht neben mir gelegen und darauf gewartet, daß ich bald wach werde.

Das ist doch lieb, oder?

Und genau das mag ich an meinem Hannibal.

Daß er mich mag.

Wir können so gut miteinander denken und miteinander schlafen und miteinander spielen.

Wenn ich manchmal geweint habe oder wenn ich traurig bin, dann hilft es immer, wenn sich Hannibal ganz fest an mich kuschelt.

Egal, wie viele Freunde ich vielleicht einmal kriege, ich kriege niemals einen so guten Freund wie meinen Teddy, meinen Hannibal.

Er schimpft nie mit mir, ist mir nie böse, berichtigt mich nie und hat mich noch nie zum Weinen gebracht.

Das nenne ich einen Freund!

Wenn das Kind zu Bett gebracht worden ist, sollte man es nicht mehr zu lange wach halten. Das Kind sollte eine angemessene Zeit, bevor es endgültig einschläft, im Zimmer allein gelassen werden, damit es sich in Ruhe in den Schlaf »denken« kann.

Regelmäßige Schlafenszeiten

Manchmal wohne ich bei meiner Oma und meinem Opa.

Dann müssen sie einen ganzen Tag auf mich aufpassen, manchmal auch eine ganze Nacht.

Meine Mama und mein Papa sagen, daß ich verzogen werde, aber das macht mir nichts aus.

Ich wehre mich nicht dagegen.

Ab und zu muß man doch ein bißchen verwöhnt werden, oder?

Wozu hat man uns denn sonst?

Ich mag meine Oma und meinen Opa, weil sie immer so lustige Spiele mit mir machen und ich extra lange aufbleiben darf.

Ich bin nur etwas traurig, weil ich ihnen nicht richtig zeigen kann, wie lieb ich sie habe.

Ich möchte ihnen so gern einen Gefallen tun, weil sie so viel Gutes für mich tun.

Meine Oma hat mir ein Bilderbuch gekauft, und wenn sie mich zu Bett gebracht hat, zeigt sie mir die vielen Bilder.

Wir haben sie gerade alle gesehen, und jetzt liege ich allein in meinem Zimmer und soll schlafen.

Im Bilderbuch ist ein Schloß.

Ein Schloß mit tausend Zimmern.

Ein solches Schloß möchte ich gern für meine Oma und meinen Opa bauen.

Es soll dann die Sonne durch alle tausend Fenster scheinen, damit sie gegen Omas Gicht hilft.

Und mein Opa bekommt einen schönen rotgestrichenen Schaukelstuhl, in dem er dann sitzen und schaukeln kann wie der König in meinem neuen Bilderbuch.

Ich weiß nur nicht genau, wie man ein solches Schloß baut.

Vielleicht kann ich meinen großen Bruder überreden, mir dabei zu helfen.

Dann können wir das Schloß mit dem ganzen Sand aus seinem Sandkasten bauen.

Und wir könnten den Sand mit ganz viel Wasser kneten und matschen, so daß er gut zusammenbackt und zu einem richtig tollen, großen Schloß wird, mit einem hohen Turm an jeder Ecke.

Und dann soll das Schloß tausend Jahre stehen.

Wenn meine Oma und mein Opa eingezogen sind, kann ich sie manchmal besuchen und in allen Zimmern schlafen.

Ich kann dann auch versuchen, mich in Opas roten Schaukelstuhl zu setzen und kräftig zu schaukeln.

Und Hannibal soll es ebenfalls probieren.

Vielleicht können wir dann auch alle vier darin schaukeln und dabei laut lachen.

Ein solch großes Schloß wie in meinem neuen Bilderbuch möchte ich gern für meine gute Oma und meinen guten Opa bauen. Tausend Jahre sollen sie dann darin wohnen, bis sie alt geworden sind.

Denn wenn es wirklich so ist, wie meine Mama und mein Papa immer sagen, daß ich nämlich immer schrecklich verwöhnt werde, wenn ich bei meiner Oma und meinem Opa bin, und daß sie nie meine regelmäßigen Schlafenszeiten einhalten, dann schulde ich ihnen doch eine Menge, und es wäre nicht nett von mir, niemals auch nur eine kleine Gegenleistung zu bringen.

Nicht wahr, Hannibal?

Hannibal ... schläfst du schon?

So früh wie möglich sollte das Kind lernen, daß es nicht mit allen Dingen spielen darf. Gefährliche Dinge in der Küche sind kein Spielzeug, Mamas Nähmaschine, Papas Schreibmaschine, elektrische Leitungen und das Telefon sind auch kein Spielzeug. Das ist alles Au-au!

Tabuspielzeug

Ich darf nicht ans Telefon.

Ich darf es nicht einmal anfassen.

Aber ich *kann* es anfassen, und meine Mama hat mir das selbst beigebracht.

Es ist etwas Merkwürdiges mit dem Telefon, denn manchmal wohnt mein Papa darin.

Und dann spricht meine Mama mit ihm.

Sie sagt dann immer, daß ich meinem Papa »Guten Tag« sagen soll.

Dann sage ich ihm »Guten Tag« und noch viel mehr: »Ba-ba-a-ba-ba-agy-agy-da-da-da-na-na-na«.

»Ja, du hast sicher recht«, sagt dann mein Papa drinnen im Telefon.

Als mein Papa und mein großer Bruder einmal ins Wochenendhaus gefahren waren, klingelte plötzlich das Telefon, und meine Mama fing an zu sprechen.

Sie wollte dann, daß ich meinem großen Bruder »Guten Tag« sage. Sie hielt den Hörer an mein Ohr, und mein großer Bruder sagte etwas zu mir, weil er sich nämlich im Telefon versteckt hatte.

Und ich hatte geglaubt, er sei mit meinem Papa weg.

Das ist nämlich das Merkwürdige am Telefon.

Wenn man glaubt, daß die Leute gar nicht hier sind, weil man selbst gesehen hat, daß sie aus dem Haus gegangen sind, dann plötzlich – rrring – haben sie sich nur im Telefon versteckt!

Gerade eben rief das Telefon wieder – rrring!

Und meine Mama fragt mich jetzt, ob ich meiner Oma etwas sagen will.

Natürlich, ich will sie fragen, wie sie es geschafft hat, sich im Telefon zu verstecken:

»Abludr – abludr – abludr, abah – bah – bah – bah?«

Wenn das Kind etwa 9–10 Monate alt ist, sollte man damit Ernst machen, das Kind zur Sauberkeit zu erziehen, was bedeutet, daß das Kind mit entsprechendem Erfolg auf dem Topf sitzen kann. Das Kind darf aber nicht den Eindruck erhalten, daß der »hohe Hut« ein unterhaltsames Spielzeug ist.

Sauberkeitserziehung

Ich habe den schnellsten Topf der Welt.

Wenn ich darauf sitze, dann saust er mit mir obendrauf über den Fußboden, und es ist sehr lustig, auf diese Art die Welt zu sehen.

Ich kann auch alles mögliche hineinstecken, Klötze und Autos und Schnuller und solche Sachen.

Als ich mich gestern mit Hannibal gezankt hatte, steckte ich auch ihn in den Topf, damit er lernen sollte, wieder lieb zu sein.

Ich bin auch schon mit dem Topf bis zum Schreibtisch von meinem Papa getöfft, dabei fand ich einen Brief, der heruntergefallen war.

Als meine Mama mich vom Topf hob, fand sie den Brief.

»Hallo!« sagte sie zu meinem Papa.

»Hier ist Post!«

Mein Papa fand das überhaupt nicht lustig.

Seit diesem Tag binden sie den Topf immer fest, meist an einer Ecke des Laufstalls.

Wenn der Topf festgebunden ist, kann ich nicht damit herumtöffen.

Aber wißt ihr, was ich kann?

Manchmal kann ich sogar ein Bein hineinstecken und ein Fußbad nehmen.

Wenn ich das tue, gibt es immer ein großes Hallo, und wenn meine Mama mich dann vom Topf hebt, meint sie immer, daß ich niemals Sauberkeit lerne.

Und dabei hört sie sich ziemlich ärgerlich an.

Heute dürfte es aber viel schlimmer werden, wenn meine Mama kommt und sieht, was ich gemacht habe.

Sie wird bestimmt sehr böse sein. Ganz plötzlich habe ich nämlich eine Wurst in den Topf gemacht!

Notwendigerweise muß sich die Mutter häufig in der Küche aufhalten, es ist daher ganz natürlich, daß das Kind ihr folgt. Dem Kind sollte jedoch so früh wie möglich eingeprägt werden, daß heiße Töpfe, der Heißwasserhahn, alles, was auf dem Elektroherd steht, Messer, Gabeln und alle sonstigen Küchengeräte kein Spielzeug sind.

Küchenspielzeug

Der schönste Raum des Hauses ist Mamas Küche.

Da gibt es so viel, an dem man herumfingern und das man umwerfen kann.

Wenn ich auf dem Küchentisch sitzen und meiner Mama helfen darf, mit den Händen den Brotteig zu kneten, dann fühle ich mich ganz einfach wohl.

Ich mag es aber nicht, wenn meine Mama Pfannkuchen backt.

Denn Pfannkuchen beißen in den Augen.

Alles andere mag ich aber.

Ausgenommen, wenn meine Mama Zwiebeln schneidet.

Dann weinen sowohl meine Mama als auch ich mit den Augen.

Und es ist herrlich, eine Tasse auf den Boden zu schmeißen.

»Uuhhhh!« rufe ich dann.

Meine Mama sagt auch eine ganze Menge.

Ich darf bloß nicht zu viel auf den Boden werfen, denn dann ist es plötzlich vorbei damit, in der Küche sein zu dürfen.

In den Küchenschubladen ist eine Menge Spielzeug versteckt, Siebe und Schaumlöffel und ein Fleischhammer, mit dem sich Bumm-bumm machen läßt.

Ich wünschte, ich hätte in meinem Spielzimmer auch so viel herrliches Spielzeug.

Aber dort habe ich gar nichts.

Nur Gummitiere, Bauklötze, Autos, Bilderbücher und solche langweiligen Sachen.

Mit Mamas Küchentrichter macht es am meisten Spaß.

Darauf kann ich nämlich Musik blasen.

Als ich vorhin in der Küche saß und mit dem Trichter Musik machte, steckte mein Papa kurz den Kopf durch die Tür und sagte:

»Mann, das klingt aber gut!
Kannst du auch den ›Einmarsch der Gladiatoren‹?«

Das Kind kann schon sehr früh trotzig sein. Wenn es etwas Bestimmtes tun soll, zieht es vor, etwas anderes zu tun; sagt die Mutter, daß es bei Tisch stillsitzen soll, überhört es die Ermahnung und will herausbekommen, wie lange es herumzappeln kann, bis es daran gehindert wird.

Das Trotzalter

Wißt ihr, wann ich am schönsten mit meinen Bauklötzen, Holzwagen, Plastikkugeln, Bilderbüchern und Gummitieren spiele, mit meinem besten Spielzeug?

Ich spiele am schönsten damit, wenn meine Mama kommt und sagt:

»So, mein Schatz, jetzt ist Schlafenszeit!«

Oder wenn sie sagt:

»So, mein Schatz, jetzt muß ein kleiner müder Junge sein Mittagsschläfchen halten!«

Ich, ein kleiner müder Junge?

Ich bin überhaupt nicht müde!

Aber ganz abgesehen davon, ist es mir völlig unverständlich, warum kleine Kinder immer gerade dann schlafen sollen, wenn sie am schönsten spielen.

Warum soll ich schlafen, wenn ich lieber wach sein will?

Warum soll ich immer schön unter der Decke liegen, wenn ich viel lieber obendrauf liegen will?

Warum soll ich auf dem Topf sitzen, wenn ich lieber daneben sitzen und Bauklötze hineinschmeißen will?

Warum soll ich immer brav meinen Fruchtbrei essen, wenn ich viel lieber damit spielen will?

Warum soll ich meiner Oma immer einen Kuß geben, wenn ich ihr viel lieber die Brille von der Nase reißen will?

Warum muß ich immer in meinem Laufstall sitzen und heraussehen, wenn ich viel lieber draußen sitzen und hineinsehen will?

Ich kann es auch anders ausdrücken:

Warum soll ich immer lieb sein, wenn es viel lustiger ist, unartig zu sein?

Ich frag' ja nur!

Im Alter von 11–12 Monaten wird das Plappern des Kindes immer verständlicher, es liebt es jetzt auch, selbst Laute zu produzieren, vor allem solche, die seine Umgebung als Lärm bezeichnen würde.

Das lärmende Kind

Mamas Kofferradio in der Küche ist viel besser als das Radio im Wohnzimmer.

Ich kann selbst darauf spielen, deswegen ist es besser.

Das kann ich immer dann, wenn meine Mama das Kofferradio zu mir auf den Fußboden stellt, um schnell in Ruhe Kartoffeln schälen zu können.

Ich drücke auf ein paar Knöpfe, und es macht herrlichen Lärm.

Wenn ich aber an einem falschen Knopf drehe, kann plötzlich ein riesengroßer Lärm herauskommen, genau auf meinen Kopf zu, und dann kriege ich manchmal ein bißchen Angst. Manchmal kriege ich so viel Angst, daß ich weinen muß.

Leider bin ich noch zu klein, um Mamas Kofferradio kaputtzumachen. Mein großer Bruder ist aber groß genug, er hat es auch schon mehrmals kaputtgemacht. Er ist aber auch schon fünf.

Er kann auch Uhren kaputtmachen. Einmal hat er einen Wecker so kaputtgemacht, daß meine Mama und mein Papa morgens gar nicht aufstehen konnten.

Am besten macht er eine Uhr kaputt, wenn er damit ganz allein ist.

Er macht auch Spielzeug kaputt.

Ich glaube, er besitzt kein Spielzeug, das er nicht kaputtmachen kann.

Mein großer Bruder ist ja auch sehr groß und sehr tüchtig.

Wenn ich groß bin, will ich als erstes Mamas Kofferradio kaputtmachen.

Es eilt mir aber nicht damit.

Denn es ist schön, wenn man sich auf etwas freuen kann.

Es gibt auch andere Möglichkeiten als nur Mamas Kofferradio, um Lärm und Musik zu machen.

Ich kann nämlich auch selbst Musik spielen.

Ich brauche dazu nur einen Topfdeckel und einen Kochlöffel. Damit mache ich eine Musik, die im ganzen Haus zu hören ist, so daß sich meine Mama und mein Papa die Ohren zuhalten.

Meine Mama vergißt dann völlig, daß sie eigentlich Kartoffeln schälen wollte.

Als ich einmal auf dem Küchenfußboden saß und tolle Musik machte, indem ich mit dem Kochlöffel auf Töpfe und Pfannen haute, kam plötzlich mein Papa dazu.

»Ach, du bist es nur«, sagte er.

»Ich dachte schon, die Philharmoniker wären gekommen, um für Mama den Radetzky-Marsch zu spielen!«

Ich glaube schon, daß mein Papa ein bißchen stolz darauf ist, daß ich mit dem Kochlöffel solche Musik machen kann. Vor kurzem saß ich wieder auf dem Fußboden und spielte mit zwei Topfdeckeln »Backe, backe Kuchen«.

Meine Mama hielt sich die Ohren zu, mein Papa aber sah sehr stolz aus.

»Weißt du, mein Schatz«, sagte er zu meiner Mama, »jetzt brauchen wir ihm nur noch das Gehen beizubringen, dann kann er als Trommler in die Königliche Leibgarde eintreten!«

Mein Papa nimmt mich wohl langsam ernst.

Mit 10–11 Monaten wird das Kind ausgesprochen aktiv. Dann ist ein Schaukelpferd das richtige Spielzeug, damit das Kind lernt, das Pferd zu beherrschen und richtig zu dirigieren.

Schaukelpferde

Ich habe jetzt ein Pferd.

Ein richtiges Schaukelpferd, auf dem man reiten kann wie auf einem echten Pferd.

Manchmal ist es etwas schwer zu bändigen, ich mache dann ein großes Geschrei und will nicht mehr auf dem doofen Schaukelpferd reiten.

Übrigens, ich habe zwei Pferde.

Mein Opa ist auch sehr gut als Pferd.

Er ist so gut, daß meine Oma schon gesagt hat, er sei am besten als Pferd zu gebrauchen.

»Na, na«, antwortete er darauf, »jetzt mach aber mal einen Punkt!«

Wenn mein Opa Pferd ist, hilft meine Oma mir, auf seinen Rücken zu steigen, und er wiehert und galoppiert im ganzen Zimmer mit mir herum.

Ab und zu tritt er mit dem Hinterbein aus, wobei ich immer lachen muß.

Es passiert aber nie etwas, wenn ich auf meinem Opa reite, denn meine Oma hält mich immer fest.

Das muß sie besonders dann, wenn mein Opa in Galopp verfällt oder wenn er etwas macht, das er »Klassische Wiener Hohe Schule mit Voltigieren und Schraube rückwärts« nennt. Wenn er dabei die Vorderbeine zur Schraube rückwärts hebt, muß meine Oma immer »brrr-brrr« rufen, damit er endlich anhält.

Während sie mich wieder herunterhebt, sagt meine Oma, daß an meinem Opa ein großes Karussellpferd verlorengegangen sei, worauf mein Opa mir die Wange tätschelt und meint:

»Wir beide müssen bloß noch etwas trainieren, dann werden wir die großen Favoriten und gewinnen das Derby auf der Galopprennbahn!«

Im Alter von 10–12 Monaten geschieht nicht nur eine starke physische Entwicklung, sondern das Kind macht auch bedeutsame geistige Fortschritte. Es möchte alle Dinge in seiner Umgebung ansehen und betasten, sie in seiner Umgebung anwenden und herausfinden, was es ist und was es selbst damit anfangen kann.

Kreatives Spielzeug

Jetzt werde ich richtig groß.

Als ich noch klein war, habe ich immer versucht, Mamas Lippenstifte zu essen.

Keiner hat jedoch geschmeckt.

Jetzt esse ich keine Lippenstifte mehr, wenn ich sie in die Finger kriege.

Das heißt, ein kleines bißchen lutsche ich manchmal noch daran.

Aber ich spucke den Geschmack schnell wieder aus, ich mag ihn immer noch nicht.

Ich kann viel besser damit spielen.

Lippenstifte sind nämlich ein herrliches Spielzeug.

Hat man Mamas Lippenstifte mit im Bett, kann man die ganze Bettdecke cherry, redlight oder pompadourrot bemalen.

Ich habe nämlich einmal gehört, wie meine Mama meinem großen Bruder erzählte, wie die ganzen Farben heißen.

Man kann auch seinen Teddy überall mit Cherry bemalen. Und mit Redlight hinter den Ohren, wenn man richtig trifft.

Es ist nämlich schwierig, mit Lippenstift zu malen, ohne daß etwas danebengeht.

Es endet immer damit, daß meine Mama plötzlich ankommt und mir die Lippenstifte wegnimmt, wobei sie dann sehr laut und sehr schnell spricht. Sie versteht überhaupt nicht, daß Lippenstifte kreatives Spielzeug sein können, wie mein Papa auch schon gesagt hat.

Er meinte außerdem, ich sollte mich so früh wie möglich an den Geschmack gewöhnen, damit ich Bescheid weiß, wenn ich später in die Praxis auf dem großen Kußmarkt entlassen werde.

Ist das Kind ein Jahr, kann es schon kleine Wörter hervorbringen, die meist »Mama« und »Papa« bedeuten sollen, es kann einer Stimme im Telefon lauschen, und es fragt nach bestimmten Dingen: »as-das?«

Die ersten Worte

Ich kann meine Mama und meinen Papa rufen.

Mehr als hundertmal hat meine Mama mich aufgefordert: »Sag mal ›Mama‹!«

Dann sagte ich »Mama«, aber meine Mama versteht mich nicht richtig und versucht es noch einmal, worauf ich wieder »Mama« sage.

Sie versteht mich jedoch immer noch nicht, und dann sage ich nicht mehr »Mama«, sondern eine ganze Menge anderer Wörter, die sie ebenfalls nicht versteht.

Wenn es ums Sprechen geht, ist meine Mama nicht gerade eine Leuchte, jedenfalls kann sie nicht besonders gut mit mir sprechen.

Mein Papa versucht es auch immer wieder, bei ihm soll ich »Papa« sagen.

»Nun mal raus mit der Sprache«, verlangte er gestern. »Du brauchst dich nicht zurückzuhalten, sag mal ›Papa‹!«

»Ah-ba«, sagte ich.

»Das war's!« rief er aus, und sein Gesicht sah plötzlich sehr fröhlich aus.

»Liebling«, rief er, »er kann sprechen!

Er sagte eben ganz deutlich ›Papa‹, das ist absolut sicher!«

Er sah mir gerade in die Augen.

»Sag noch einmal ›Papa‹!«

Ich sagte nichts.

»Komm schon, mein Junge, sag ›P-a-p-a‹!«

Ich sagte:

»Abludr-abludr-abludr.«

»Gerade eben konntest du es doch«, meinte er enttäuscht.

Als ich vorhin auf dem Fußboden saß, um einen spannenden Brief zu lesen, der heruntergefallen war, blickte ich plötzlich zu meiner Mama hoch und sagte dabei:

»Ah-maa!«

Meine Mama war wie elektrisiert, sie hob mich hoch, drückte mich ganz fest an sich und sah richtig glücklich aus.

Nur weil ich »Mama« gesagt hatte.

PAPA...

Man sollte es sich zur Regel machen, Töpfe und Pfannen, Gläser und Bestecke immer außerhalb der Reichweite des Kindes zu stellen, weil es sonst unweigerlich versuchen wird, sie anzufassen, nicht um sie umzuwerfen oder kaputtzumachen, sondern aus reiner Neugier.

Die Lust, etwas umzuwerfen

Fast alles, was auf dem Tisch steht, ist dazu da, umgeschmissen zu werden.

Flaschen und Gläser und Tassen und all diese Dinge.

Es ist alles nur gemacht, damit kleine Kinder ihren Spaß haben können, wenn es umkippt.

Und ich finde es sehr gut und sehr aufmerksam, daß meine Mama und mein Papa immer dafür sorgen, etwas auf den Tisch zu stellen, was man umwerfen kann.

Es macht nämlich Spaß, etwas umzuwerfen.

Ohne daß man etwas dafür kann.

Ich kann nämlich nie etwas dafür, wenn etwas umkippt. Ich berühre es bloß, um festzustellen, was es ist, und dann – plötzlich – kippt es um.

Bumms!

Woraufhin es Spaß macht, nachzusehen, ob nun Milch oder Saft oder Kaffee umgekippt ist.

Und zu beobachten, wo es hinläuft.

Wenn ich auf dem Fußboden herumkrabbele, kann ich an der Tischdecke ziehen und bin dann immer sehr gespannt, ob etwas herunterfällt.

Ich muß dabei nur aufpassen, daß es mir nicht gerade auf den Kopf fällt.

Denn wenn es mir direkt auf den Kopf fällt, muß ich meistens weinen.

Einmal habe ich an der Tischdecke gezogen und eine ganze Schüssel Erdbeergrütze ins Gesicht gekriegt. Natürlich habe ich da nicht geweint, so überrascht war ich.

Mann, o Mann, ich konnte weder hören noch sehen.

Meine Mama beeilte sich, mein ganzes Gesicht von der Erdbeergrütze zu befreien.

Sie leckte mich dabei ab, denn die schöne Erdbeergrütze wäre zu schade zum Wegwerfen, meinte sie.

Mein großer Bruder fragte, ob er Milch über meinen Kopf gießen dürfe, denn er mag keine Erdbeergrütze ohne Milch.

Es war ein großes Hallo, meine Mama vergaß ganz zu schimpfen. Und das will was heißen.

Aber diese Geschichte mit der Erdbeergrütze ist schon lange her.

Ich hätte schon Lust, mal wieder an der Tischdecke zu ziehen und etwas Erdbeergrütze herunterzureißen.

Es macht auch Spaß, an dem Deckchen von Mamas Nähmaschine zu ziehen.

Dann fallen nämlich viele schöne Sachen auf den Fußboden: Garnrollen, Knöpfe, Stricknadeln und Stoffreste.

Meine Mama sagt immer, das Nähkästchen sei viel zu gefährlich für kleine Kinder.

Und mein Papa meint, es sei total hirnrissig, erst ein Deckchen auf die Nähmaschine zu legen und dann auch noch das Nähkästchen daraufzustellen.

Auch wenn wir das Deckchen von meiner Oma bekommen haben und es deswegen nicht einfach in den Schrank legen können.

Aber mein Opa, der immer sehr vernünftige Ansichten hat, ist der Meinung, wenn kleine Kinder im Hause sind, sollte man überhaupt nirgends etwas hinstellen, was heruntergerissen werden kann.

»Du hast völlig recht, Schwiegervater«, antwortet meine Mama, »ich kann dir aber versichern, daß es auf die Dauer sehr kompliziert wird, nur auf den oberen Brettern des Regals zu wohnen!«

Geburtstage sind immer ein so großes Ereignis, daß die Eltern den ersten Geburtstag des Kindes schon zu etwas Besonderem machen sollten, nicht zuletzt ihrer selbst und der Familie wegen.

Der erste Geburtstag

Mein erster Geburtstag.

Ihr könnt mir glauben, daß ich auf diesen Tag lange gewartet habe.

Weil nämlich meine Mama einmal gesagt hat, wenn ich ein Jahr alt werde, kriegen wir alle eine große Torte mit einer hübschen Kerze mittendrin.

Als mein großer Bruder Geburtstag hatte, gab es eine Torte mit fünf Kerzen, aber er ist ja auch älter als ich.

Wenn meine Oma Geburtstag hat, gibt es überhaupt keine Kerzen.

»Warum denn nicht, Oma?« fragte mein großer Bruder einmal. »Weil das nicht geht, mein Junge«, antwortete sie.

»Mit so vielen Flammen würden wir ja riskieren, die ganze Stadt abzubrennen!«

Gestern war mein eigener erster Geburtstag.

Ich wurde ein Jahr alt.

Und das ist etwas Schönes, ein Jahr alt zu werden.

Sie kamen nämlich alle und machten fröhliche Gesichter und gratulierten mir.

Ich bekam Geschenke und Pullover und Mützen und Handschuhe. Nicht einmal meine Mama hat besonders geschimpft, als ich anfing, mit der Torte zu spielen, und mit voller Wucht die Hände in die Sahne klatschte.

Mein Opa behauptete, noch nie ein Geburtstagskind gesehen zu haben, das die Sahne weit hinter den Ohren essen konnte.

Jeder bekam auch Kakao in seine Tasse.

Ich durfte aber nicht soviel kriegen, so daß ich mich damit begnügen mußte, die Tasse von meinem großen Bruder umzuwerfen.

Aber ein schöner Geburtstag war es trotzdem.

Ich hoffe, bald wieder ein Jahr alt zu werden.

Mit einem Jahr hat das Kind eine Reihe von Fertigkeiten entwickelt, es kann herumgehen, wobei es sich an den Möbeln festhält, es kann ein paar einfache Wörter hervorbringen, es kann winken, Backe-Kuchen machen, seine Strümpfe ausziehen und vieles mehr.

Fertigkeiten

Ich kann mich selbst anziehen.

Das heißt, nicht ganz an, aber ein bißchen an.

Ich kann meine Mütze über die Augen ziehen, bis ich ganz weg bin.

Beim Ausziehen bin ich auch schon recht gut.

Zum Beispiel kann ich meine Strümpfe von meinen Füßen ausziehen.

Das kann ich fast so oft, wie meine Mama sie mir anzieht.

Und wißt ihr, was ich noch kann?

Ich kann meiner Oma zeigen, wie groß ich bin.

Sooo groß!

Mit meinem Opa kann ich Kuchen backen.

Er nimmt meine Hände und klatscht sie zusammen, wobei wir dann singen:

»Backe, backe Kuchen,
der Bäcker hat gerufen.
Wer will guten Kuchen backen,
der muß haben sieben Sachen:
Eier und Salz,
Butter und Schmalz,
Milch und Mehl,
Safran macht den Kuchen gehl!«

Wir klatschen dabei immer tüchtig in die Hände und bakken einen Kuchen für Mama, einen für Papa, einen für meinen großen Bruder und ...

Mein Opa breitet die Arme weit, weit aus, bevor wir sie zusammenklatschen, wobei er sagt:

»Und einen ganz, ganz großen für den kleinen Hannibal!«

Dabei lachen wir.

Ich kann noch mehr.

Ich kann ein kleines Stück gehen.

Aber nur ein sehr kleines Stück.

Meine Mama hält mich fest, und mein Papa streckt mir die Arme fast ganz entgegen.

Wenn er sagt: »Komm zu Papa!«, bin ich kurz davor zu kommen.

Ich zögere aber noch etwas, worauf er es noch einmal sagt, und wißt ihr, was ich dann mache?

Dann komme ich!

Einen ganzen Schritt.

Ohne hinzufallen natürlich!

MAL
BUCH

Mit einem Jahr ist das Kind ständig darauf aus, neue Erfahrungen zu machen und etwas Neues zu lernen. Es kann auf seiner Trommel spielen, Backe-Kuchen machen sowie viele andere lustige Sachen, aus denen es immer wieder lernt.

Wißbegierde

Ich bin so etwas wie ein Rechengenie.

Mein Papa hat mir beigebracht, auf seinem Taschenrechner mit ganz vielen Babys zu rechnen.

Er drückt ein paar Knöpfe, und plötzlich erscheinen alle kleinen Babys in einer Reihe: 888 888 888.

Ich kann deutlich erkennen, daß es Babys sind.

»Und wie sie alle schön stillsitzen!« meinte mein Papa. »Die sitzen sicher alle auf dem Topf.

Sieh mal, es sind sogar drei kleine Töpfe übrig.«

O ja!

Mit Papas ausrangiertem Taschenrechner darf ich selbst rechnen, soviel ich will.

Ich versuche immer, mit vielen Babys zu rechnen, die in einer Reihe auf dem Topf sitzen, aber es ist sehr schwer, so viele Babys auf einmal hervorzubringen.

Aber ich habe ausgerechnet, daß der schnellste Weg zum Rechnen so geht, daß man den Taschenrechner neben sich auf den Fußboden legt und sich kurz erhebt.

Und dann – bumms – läßt man den Popo auf alle Zahlen fallen. Beim Nachsehen erkennt man dann 776 534 839 oder etwas anderes Hübsches.

Mein Papa guckte mir eines Tages zu, als ich auf diese Weise rechnete.

Mit dem Popo.

Er meinte, daß ich diese Methode ohne weiteres zum Weltpatent anmelden könnte.

Oder an ein Rechenzentrum verkaufen.

Dann drückte er auf die Knöpfe, so daß alle 888 888 888 Babys auf dem Topf hervorkamen und rief meiner Mama zu:

»Liebling, willst du eine einfache Methode sehen, 888 888 888 Babys zu kriegen?«

Mit einem Jahr kann das Kind an Möbelstücken entlanggehen, es geht auch über den Fußboden, wenn die Mutter es am Arm oder an der Hand hält und es dabei stützt, aber völlig allein gehen können nur sehr wenig Kinder dieses Alters, wohingegen sie mit großer Geschwindigkeit auf allen vieren krabbeln können.

Die ersten Schritte

Heute habe ich einen Spaziergang gemacht.

Richtig im Gehen.

Allein.

Schon lange konnte ich mit Riesenexpreßgeschwindigkeit durchs Wohnzimmer krabbeln, was mir auch Spaß gemacht hat. Ich konnte auch schon lange gehen, wenn meine Mama oder mein Papa mich gut festgehalten haben, aber sie dürfen mich dabei nicht betrügen und einfach loslassen, denn dann setze ich mich auf meinen Popo. Bumms.

Und dann ist es vorbei mit dem Gehen.

Ohne daß mir jemand hilft, kann ich auch ganz allein an einem Tisch- oder Stuhlbein stehen.

Es muß bloß jemand in der Nähe sein, damit ich nicht doch wieder Bumms mache, direkt auf den Popo.

Aber heute habe ich meinen ersten richtigen Spaziergang gemacht.

Anfangs wollte ich nicht richtig.

Meine Mama und ich standen mitten im Wohnzimmer, als mein Papa kam, sich in die Hocke setzte und mir die Arme entgegenstreckte.

Er sagte, ich solle ruhig kommen.

Ich wollte aber nicht, denn er streckte seine Arme nicht weit genug aus und war viel zu weit weg.

Mindestens einen oder zwei Schritte.

Darauf streckte er mir die Arme noch weiter entgegen, und plötzlich dachte ich: Jetzt tu ich's!

Und dann tat ich es.

Ohne hinzufallen, ging ich ganz zu ihm hin.

Ganz allein ging ich zu ihm.

Zwei Schritte.

Geradeaus in die Welt.

In der ersten Zeit direkt nach der Geburt hat das Kind noch einen Schlafbedarf von etwa 20 Stunden, sechs Monate später schläft es nur noch etwa 16 Stunden, und mit einem Jahr benötigt das Kind etwa 14–15 Stunden Schlaf.

Gute Nacht

Meine Mama sagt, daß ich täglich 15 Stunden schlafen muß. Und jetzt gerade verspüre ich das Bedürfnis zu schlafen. Aber das ist nicht weiter schlimm, denn wir sind nun alle etwas müde.

Ich und Hannibal und meine Bilderbücher und all mein Spielzeug und mein Schnuller und meine Decke und mein Bett und mein Topf in der Ecke.

O ja, wir sind alle müde.

Jetzt warte ich nur noch darauf, daß meine Mama gleich kommt und mir meinen Gutenachtkuß gibt und mir all das Schöne sagt, was sie immer sagt, kurz bevor ich die ganze Nacht schlafe.

»Gute Nacht, mein kleiner Schatz, morgen ist heute schon gestern, und – husch – dann ist die Nacht vorbei!

Und wenn die Nacht vorbei ist, kommt morgen wieder ein schöner neuer Tag für uns alle.

Und denk daran, daß du deiner Mama morgen früh erzählst, was du Schönes geträumt hast.

Vielleicht schaut gleich der Mond herein und küßt dich auf deine kleinen, süßen Bäckchen.«

So etwa sagt meine Mama immer zu mir, während sie mich richtig zudeckt.

Und obwohl ich nicht immer alles verstehe, was sie sagt, mag ich es trotzdem, denn sie sagt es mit einer Stimme, die so sanft ist, daß ich meist dabei einschlafe.

Und dann kriege ich einen richtig großen, langen Gutenachtkuß. Und so ein schöner Gutenachtkuß wiegt dann den ganzen Ärger auf, den ich im Laufe des Tages mit meiner Mama und meinem Papa und meinem großen Bruder und der ganzen Welt gehabt habe.

Bevor ich dann ganz einschlafe, kann ich gerade noch denken: Mama ist die beste auf der Welt!

Hallo, mein Schatz!

Sonderausgabe der Naumann & Göbel Verlagsgesellschaft, Köln
Mama ist die beste auf der Welt

Hallo, mein Schatz

Schutzumschlag und Illustration: Wiebke Vormstein, Köln
Gesamtherstellung: Freiburger Graphische Betriebe, Freiburg
Printed in Germany

ISBN 3-625-20172-0

Inhalt

Es gibt nichts Schöneres oder Besseres in der Welt, als wenn ein Mann und eine Frau, im Einklang ihrer Gedanken und Gefühle, einträchtig zusammen im Hause leben, ihren Feinden zum Ärger, aber ihren Freunden zur Wonne.

HOMER

Mein Mann behauptet, selbst nur selten zu träumen, und ich finde eigentlich auch, seine Phantasie reicht höchstens dazu, von einem gebratenen Hähnchen mit Gurkensalat zu träumen. Aber neulich nacht murmelte er doch im Schlaf irgendeinen Namen wie Kitty oder so, und da es sich kaum um ein gebratenes Hähnchen handeln konnte, spitzte ich die Ohren …

Träume deuten – zu zweit

*Spiegel waren früher
nicht so trübe wie heute. So verkalkt bin
ich noch nicht, daß ich mich nicht an die Zeiten
erinnern könnte, in denen mir das schönste Mädchen
der Welt aus jedem Spiegel entgegenstrahlte.
Heute würde ich selbstverständlich
keine Sekunde damit verschwenden, mich mit so
einem Blödsinn wie Schönheitswettbewerben
zu beschäftigen – eine Entwürdigung
des weiblichen Geschlechts! Miß Heimatblatt,
Miß Lampionfest oder Miß-sonstwelcher-Quatsch –
nee, ohne mich. Niemals! Nach meiner
Meinung betreibt man dabei eine Art von
Prostitution, und das läßt sich nicht mit der Rolle der
modernen Frau vereinbaren. Nie würde es
mir einfallen, bei so einem Unsinn mitzumachen,
höchstens im Traum, denn da kann man
irgendwie nicht kontrollieren, was mit einem
passiert – und um ehrlich zu sein, in vielen Nächten
passieren mir die komischsten Geschichten.
Mein Mann dagegen träumt sehr selten,
ich glaube, ihm fehlt die Phantasie, um richtig
träumen zu können. Wenn er mal
träumt und im Schlaf redet, habe ich den Verdacht,
daß er Traum und Wirklichkeit
in einem fürchterlichen Wirrwarr mischt ...*

Träumen Sie in der Nacht? Sind Sie eine Frau, haben ungefähr das Alter meiner eigenen Frau und träumen niemals in der Nacht – dann ist es ein Jammer, daß wir beide uns nicht begegnet sind, denn so eine Frau wie Sie hätte ich haben sollen. Marianne träumt sozusagen jede Nacht. Ich kann Träume nicht ausstehen.

Ich selbst träume selten, und wenn es mal vorkommt, habe ich die näheren Umstände vergessen, sobald ich am nächsten Morgen die Augen aufschlage. Aber das hat Marianne nicht. Wie neulich, als ich offenbar irgend etwas geträumt hatte.

»Sag mal«, begann sie plötzlich am Frühstückstisch, »wer ist eigentlich Kitty?«

»Kitty? Keine Ahnung.«

»Du hast heute nacht im Schlaf geredet. Du sagtest Kitty oder Betty oder so ähnlich.«

»Dann habe ich wohl von einem Mädchen namens Kitty oder Betty oder so ähnlich geträumt.«

»Kanntest du ein Mädchen mit dem Namen?«

»Ich kann mich nicht erinnern.«

»Was hast du heute nacht mit Kitty getrieben? Was habt ihr eigentlich gemacht?«

»Gemacht? Das weiß ich wirklich nicht. Du weißt, ich habe ein schlechtes Gedächtnis. Wenn ich morgens aufwache, habe ich ganz andere Sorgen. Zum Beispiel, wo ich reine Socken finde oder wo die verdammten Manschettenknöpfe abgeblieben sind.«

»War sie hinter dir her? Oder warst du hinter ihr her? Du mußt dich doch an irgendwas erinnern können. Hast du geträumt, daß du ... na ja, daß du sie verführt hast? Und daß ihr Mann plötzlich überraschend nach Hause kam und euch auf frischer Tat ertappte? Du hast so komisch mit den Armen um dich geschlagen. Hast du dich mit ihm geprügelt?«

»Mit wem?«

»Mit Kittys Mann natürlich. Über den sprechen wir doch. Eigentlich dachte ich, du wärest allmählich zu alt, um dich in so was Blödsinniges einzulassen, eine Affäre mit einer verheirateten Frau. Ich vergesse nie, wie du damals in der Johannisnacht bei Inge und Hans diese Fanny auf der Terrasse geküßt hast.«

»Das ist zwanzig Jahre her. Vielleicht fünfundzwanzig.«

»Hast du heute nacht vielleicht von Fanny geträumt?«

»Dann hätte ich mich doch wohl nicht mit Kittys Mann geprügelt, als er überraschend nach Hause kam.«

»Also hast du dich mit ihrem Mann geprügelt?«

»Das behauptest du – nicht ich.«

»Warum muß es in deinen Träumen immer ausarten? Kannst du nicht mal was Normales, was Natürliches träumen wie andere Menschen? Warum immer von Mädchen? Bin ich dir nicht genug?«

»Aber ja!«

In diesem Stadium der Unterhaltung fand ich es angemessen, schnell einen Blick auf die Uhr zu werfen, mich zu erheben und zu einer dringenden Verabredung mit meinem Verleger zu eilen.

Später fiel mir plötzlich ein, was ich geträumt hatte. Es stimmte wirklich, daß ich im Schlaf von Kitty geredet hatte. Kitty war ein Rennpferd, auf das ich im Traum einen Hundertmarkschein gesetzt hatte. Aber als der Startschuß abgefeuert wurde, stand Kitty plötzlich auf der Wiese des Bauern und kaute Heu, summte eine lustige Weise vor sich hin und genoß Ruhe und Frieden. Ich schubste sie, weil sie doch rennen sollte, aber sie drehte sich einfach mit ihrem breiten Pferdegrinsen nach mir um, und da rief ich nervös: »Los, Kitty, los!«

Und plötzlich fiel ich durch ein Loch in den Wolken, ich stürzte und stürzte und landete mit meinen nackten Füßen in ekelhaftem, glitschigem Teermatsch und konnte fast nicht loskommen, obwohl mir die Wölfe dicht auf den Fersen waren. Aber dann hangelte ich mich an einer Fahnenstange hoch und schwang mich elegant durchs Schlafzimmerfenster. Und da klingelte der Wecker, ich stand auf und rasierte mich. Das war alles.

Wie gesagt, Träume interessieren mich nicht. Aber es stört mich, daß Marianne sozusagen jede Nacht träumt, und immer so einen Blödsinn. Und wenn sie geträumt hat, fährt sie mit einem Satz hoch und rüttelt mich wach. Wie heute nacht um drei Uhr.

»Ich habe geträumt«, rief sie eifrig, »willst du hören, was ich geträumt habe?«

»Nein.«

»Doch, hör mal. Es war irre spannend.«

»Ich möchte gern schlafen.«

»Ich träumte, ich hätte mein Foto an eine Illustrierte geschickt, und dann kam ein Reporter von der Zeitung und sagte, ich wäre in die engere Wahl gekommen und sollte in Cannes an einem Wettbewerb teilnehmen, wer das schönste Mädchen des Jahres sei. Ist das nicht phantastisch? Und erst gestern hatte ich mir gedacht, ich wollte mal aus Spaß mein Foto einschicken. Zwar bin ich nicht mehr die Jüngste, aber ich bin doch ganz gut gebaut, nicht? Und ich sehe doch gar nicht übel aus, oder? Natürlich nicht im Moment, mit Nachtcreme im Gesicht und so ...«

»Kann ich jetzt endlich meine Ruhe kriegen! Ich muß morgen früh hoch. Wir können doch morgen darüber sprechen, nicht? Gute Nacht ...«

Widerstrebend legte sie sich hin, und ich zog meine Decke fest über die Ohren.

Ein oder zwei Stunden später wachte ich auf, weil jemand mich wild rüttelte.

»Wach auf, hörst du! Wach auf!«

»Was ist denn nun schon wieder?«

»Ich habe wieder geträumt!«

Sie stand auf und hatte so einen merkwürdigen Gesichtsausdruck. Schnell warf sie einen Blick in den Spiegel, drehte hastig ein paar Lockenwickler aus ihrem Haar, wischte sich die Nachtcreme aus dem Gesicht, wandte sich dann mir zu und lächelte triumphierend.

»Stell dir vor«, jubelte sie und wußte sich vor Freude gar

nicht zu lassen, »stell dir vor, ich, eine Frau im besten Alter! Ich bin Miß Universum geworden!!«

Eigentlich habe ich ja nichts dagegen, daß mir mein Mann laut aus der Zeitung vorliest, solange er mich mit Mickymausgeschichten verschont oder welche Fußballstars in der Bundesliga rauf- oder runterrücken. Aber in letzter Zeit finde ich seine Themen nicht gerade weltbewegend.

Gespräche führen – zu zweit

Nach 25jähriger Ehe wage ich zu behaupten, daß wir im Laufe der Jahre genügend Erfahrung gesammelt haben, um einigermaßen zu wissen, wovon wir sprechen. Wenn mein Mann beispielsweise anhand einiger Zeitungsüberschriften ein wichtiges Thema, einen Gesichtspunkt, eine Neuigkeit oder einen politischen Beschluß zur Diskussion stellt, ja, dann lösen wir in unserem kleinen trauten Heim etliche weltweite oder auch regionale Probleme, und wenn wir sie nicht lösen können, dann zeigen wir einander wenigstens, daß wir allen wichtigen Problemen aufmerksam folgen. Es stört mich nur, daß mein Mann neuerdings mit seinen Weltproblemen immer gerade dann kommt, wenn ich mit einer schwierigen französischen Übersetzung für meinen Kursus an der Volkshochschule kämpfe, oder wenn ich in den neuesten Roman der Bekenntnisliteratur vertieft bin …

Lesen Sie Ihrer Frau jemals aus der Zeitung vor? Wenn ich irgend etwas lese, was mich überrascht, was mich ärgert oder was mir imponiert, dann fasse ich kurz das Wesentliche zusammen, und sie drückt ihre Überraschung oder ihren Ärger darüber aus, daß so etwas wirklich passieren kann.

»Hier steht, daß sich im Jahre 2000 die Bevölkerungszahl der Welt verdoppelt haben wird.«

»Das klingt ja unheimlich«, sagt Marianne. »Wie soll man denn Nahrung für so viele Menschen beschaffen?«

»Ja, das ist ja gerade das Schreckliche. Nicht einmal die Reisproduktion kann derart gesteigert werden, daß ...«

Und so weiter. Es folgt eine bereichernde Diskussion über weltweite Probleme, und nichts kann besser die kleinen grauen Gehirnzellen oder eine Ehe stimulieren als eine tiefschürfende Debatte um aktuelle Ereignisse.

Um so enttäuschender für mich, daß ich in der letzten Zeit stets lieber geschwiegen habe, wenn ich eigentlich gern Marianne etwas aus der Zeitung vorgelesen hätte. Sie folgt den großen Ereignissen draußen in der Welt nicht mehr so aufmerksam wie früher. Ich habe keine genaue Erklärung für ihre veränderte Haltung, mir schwant nur, daß das eine Alterserscheinung sein muß. Hier folgen sechs Beispiele von meinen Vorleseversuchen der letzten Zeit, und wenn Sie die gelesen haben, werden Sie vielleicht verstehen, warum ich keine Lust mehr habe, meiner Frau etwas vorzulesen.

Beispiel Nummer eins: »Hier steht, daß ein Wirbelsturm so gewaltsam über Neukirchen gerast ist, daß stämmige, alte Eichen mit ihren Wurzeln rausgerissen wurden ...«

»Ein Wirbelsturm? Schade, daß er nicht durch unseren Garten gerast ist. Dann hätte er vielleicht diesen idiotischen Pflaumenbaum rausreißen können. Schon seit drei Monaten hast du versprochen, ihn zu fällen, aber der steht da immer noch und wirft Schatten auf meine Stauden, und dabei trägt er nie eine einzige Pflaume!«

Beispiel Nummer zwei: »Also, jetzt haben die Russen einen ferngesteuerten Arbeitsroboter konstruiert. Der soll massenweise produziert und auf dem Mond stationiert werden, um dort Landebahnen für die russischen Raumfahrzeuge zu planieren und zu zementieren.

»Ein Arbeitsroboter? So einen könnte ich gut im Garten gebrauchen, um all die blöden großen Steine vom Steingarten wegzuräumen. Es ist bald ein Jahr her, daß du mir versprochen hast, ihn einzuebnen, damit ich endlich das Rosenbeet kriege, das ich mir schon so lange wünsche.«

Beispiel Nummer drei: »Na, jetzt verhandelt die Regierung schon wieder über eine Steuererhöhung für Zigaretten und Alkohol. Nicht besonders einfallsreich, wenn es gilt, neue Steuerobjekte zu finden.«

»Zigaretten und Alkohol, sagst du? Ist ja auch zu ungerecht, daß immer gerade du der Leidtragende bist!«

Beispiel Nummer vier: »Hier steht, daß die Gewerkschaften darauf hinarbeiten wollen, im Laufe der nächsten drei Jahre eine 18-Stunden-Woche einzuführen.

»18-Stunden-Woche? Um Gottes willen! Dann kriegst du ja ordentlich was zu tun!«

Beispiel Nummer fünf: »Enorm, was für Geld heuzutage in alten Sachen steckt. Hier steht in der Samstagsbeilage, daß bei Schlüter auf der Antiquitäten-Versteigerung allein in den ersten 5 Tagen für über 3 Millionen verkauft wurde.«

»Antiquitäten-Versteigerung, sagst du? Mein Gott, was ich wohl für meinen alten Pelzmantel kriegen könnte?«

Beispiel Nummer sechs: »Hier im Abendblatt steht: In Hagenbecks Tierpark ist ein Gorilla aus seinem Käfig ausgebrochen. Ein riesiges Polizeiaufgebot hat ihn Tag und Nacht gejagt, und als sie endlich so nahe dran waren, daß sie ein Netz über ihn werfen konnten, schlüpfte er schnell weg und sprang in der Bismarckstraße zu einer alten Frau durchs Fenster rein! Ha, Ha! Was würdest du sagen, wenn dich plötzlich so ein Affe heimsuchen würde?«

»Vielen Dank, aber ich bin ja versorgt!«

Ich persönlich fand die Idee meines Mannes recht snobistisch, sich für die Nachwelt in einem Porträt verewigen zu lassen, aber andererseits gelang der Versuch einigermaßen, obwohl der Maler nicht gerade das Format eines Rembrandt hatte und obwohl die Ohren irgendwie verkehrt aussahen ...

Ein Porträt für die Nachwelt – zu zweit

Es kommt wieder in Mode, ein Porträt von sich anfertigen zu lassen – wie damals Grafen, Komtessen und die Kaiserlichen sich von Menzel oder Tischbein malen ließen. Auch viele bedeutende Künstler der heutigen Zeit haben bekannten Porträtmalern Modell gesessen. Nicht verwunderlich, daß mein Mann in letzter Zeit öfter das Thema angeschnitten hat, und auch ich meine, daß er auf diese Weise die Nachwelt an seinen Erfolg erinnern könnte. Sie sollen wissen, wie eigentlich der Mann aussah, der all die unsterblichen Werke schrieb. Und da wir ja in einer Zeit der Gleichberechtigung leben, war ich einverstanden, daß auch ich Modell saß (vielleicht in meinem neuen Abendkleid aus Thai-Seide – und der Diamantring, den ich zum letzten Geburtstag bekommen habe, würde an meinem Finger funkeln ...). Wir beide sind ja den ganzen dornigen Weg zusammen gegangen, gemeinsam haben wir für die Erfüllung unserer Träume gekämpft, als wir damals – wie mein Mann es auszudrücken pflegt – vorsichtig die untersten Sprossen der Karriereleiter erkletterten. Es ist nur ein Jammer, daß die Porträtmalerei von heute nicht das Format eines Menzel oder eines Tischlein erreicht ...

Zugegeben, es klingt vielleicht anmaßend, aber ich habe mir schon immer gewünscht, einmal ein wirklich gutes, naturgetreues Ölgemälde von mir selbst zu besitzen, ein Porträt von hohem künstlerischem Wert. Nicht, daß ich mich selbst darüber von Morgen bis Abend freuen wollte – an meinem eigenen Aussehen habe ich nie sonderliches Interesse gehabt –, aber wenn mein Sohn einmal sein eigenes Geschäft bekommt oder vielleicht meins übernimmt, dann würde es meiner Meinung nach sehr beeindruckend wirken, wenn in seinem Konferenzzimmer an der Wand hinter einem großen Schreibtisch ein stattliches Porträt in gediegenem Goldrahmen hinge und seine Herkunft väterlicherseits verewigte. Wie man es so oft in Unternehmen sieht, die durch Erbfolge stets von Vater auf Sohn übertragen wurden. Eigentlich ein amüsanter Gedanke, daß man vielleicht jahrhundertelang an so einer Wand hängt, als Urgroßvater, als Ur-Ur-Ur-Ahne auf das ständig wachsende, blühende Unternehmen blickend, voller Befriedigung, daß der Keim zu all diesem Erfolg, zu diesem pulsierenden Verlag – oder was es nun werden könnte – ja, also mir, meiner Person zu verdanken war. Und dann würde ein Ur-Ur-Ur-Enkel auf das Gemälde weisen und sagen: »Das ist mein berühmter Vorfahre. Er schrieb einst all die Bücher, die dort drüben auf dem Regal stehen. Er begann aus dem Nichts, mit einer alten Remington-Schreibmaschine, Modell 1930.«

Als ich Marianne meine Idee eröffnete, wirkte sie anfangs ziemlich abweisend. Aber als ich hinzufügte, daß natürlich auch sie in einem Ölgemälde verewigt werden und in dikkem, ovalem Goldrahmen an der Wand hängen sollte, da betrachtete sie den Plan entschieden wohlwollender und begann, ihre Garderobe durchzusehen.

Es endete damit, daß ich mich an einen unserer bedeutenden Porträtkünstler wandte. Er erklärte sich bereit, das Werk auszuführen, wenn er dreitausend Mark pro Person bekäme, und obwohl das ein Batzen Geld war und ein langes, ernsthaftes Gespräch mit meiner Bank erforderte, da er den Betrag absolut im voraus verlangte, sagte ich zu. Nicht zuletzt, weil er auf etliche Adlige und Großindustrielle verweisen konnte, die in seinem Atelier Modell gesessen hätten. Das sollte für Qualität bürgen.

Wir saßen ihm einige Male Modell. Dann ließ er uns wissen, daß er uns nicht mehr brauchte. Er wollte das Werk ohne Modell vollenden. Etwa ein Monat verging, in dem wir voller Spannung warteten. Schließlich rief er eines Tages an, nun seien die Gemälde fertig. Da ich nicht zu Hause war, nahm Marianne den Bescheid entgegen – und eine halbe Stunde später stand sie im Atelier des Künstlers.

»Wo bist du gewesen?« fragte ich, als sie eine Zeitlang später zurückkehrte. Sie wirkte ziemlich verwirrt und hysterisch.

»Ich habe unsere Porträts gesehen«, sagte sie.

»Na, und wie sah ich aus?«

»Dein Bild ist ganz gut. Du könntest einen Generaldirektor oder so etwas in dem Stil darstellen. Du strahlst geradezu etwas Erhabenes aus, die Intelligenz leuchtet aus deinen Augen. Er muß da einen Trick kennen, was Weißes in die Augäpfel tupfen ... oder so. Er hat auch ein bißchen gemogelt, man kann nicht richtig sehen, wie dünn deine Haare schon sind. Er hat die Falten in deiner Stirn geglättet, und deinen Bart hat er irgendwie würdevoll wirken lassen. Es liegt ein Flair von Krupp über dir, wie du da mit deinem Siegelring und deiner dicken Zigarre sitzt. Nur bei deinen Ohren stimmte was nicht. Sie sahen wie Segelohren aus, aber das war auch der einzige Einwand, und ich glaube, kein Fremder würde die Segelohren bemerken – außer mir vielleicht, du weißt, ich fand deine Ohren schon immer besonders reizvoll. Aber das Grübchen im Kinn hat er mitgekriegt, obwohl es zu groß geraten ist. Man könnte glatt Pfannkuchen darin backen. Aber selbst das verleiht deinem Gesicht Charakter. Man kann deutlich sehen, daß da eine wirkliche Persönlichkeit Modell gesessen hat ... aber ich!!

Ach du lieber Himmel! Ich sehe schrecklich aus! Einfach eine Katastrophe! Ich weiß nicht, was ich darstellen soll. Ich sehe aus, als sei ich mein ganzes Leben als Putzfrau mit einem Scheuerlappen rumgerannt. Ich begreife nicht, daß der Mann es wagt, so ein Porträt vorzuzeigen. Meinen Kopf hat er olivgrün gefärbt ... ein Seekranker auf einer Helgolandfahrt könnte nicht schlimmer aussehen. Ich schwöre, nie habe ich einen größeren Schund gesehen. Und die Augen! Pfui Teufel! Das sind überhaupt nicht meine schönen braunen Augen. Das sind riesige dumme Kleckse, wie Kuhaugen, ohne die Schatten, die die Tiefe der Seele widerspiegeln ... oder wie hast du doch immer meine Augen beschrieben, als wir jung und verliebt waren? Und dann das wichtige kleine Detail, das ich mit ihm besprochen hatte, du weißt ... meinen Mund ein bißchen in Richtung auf das Lächeln der Mona Lisa hin zu bearbeiten, das hat er überhaupt nicht kapiert. Ich sitze da mit so einem blöden, nichtssagenden Grinsen. Ich habe ihn auch gefragt, wen das Bild seiner Meinung nach darstellen soll. Ob er irgendein Flittchen vom Tingeltangel vor Augen gehabt hätte, denn mich könnte er doch wohl nicht gemeint haben. Aber der Kerl wurde unverschämt und behauptete, er habc seine ganze Künstlerseele in die Arbeit gelegt, und außerdem hätten wir nicht verabredet, aus einer Hütte ein Schloß zu machen. Und überhaupt ging mir der Kerl schrecklich auf die Nerven. Ich legte richtig los und erklärte ihm, er könne seinen Schund selbst behalten, und das Geschmiere sei es höchstens wert, die Pinsel darauf abzutrocknen, und meiner Meinung nach dürfe er allenfalls Bretterzäune bemalen. Eine derartige Pinselei zeige nur einen Einfaltspinsel, der es noch gewagt habe, so einen Haufen Geld von uns zu kassieren. Ja, das habe ich ihm gesagt! Und dann warf er mich raus. Aber da packte mich eine rasende Wut, daß ich die Leinwand ergriff und sie mit voller Kraft auf seinen Schädel klatschte ... und dann nahm ich seine Palette, auf der 'ne Menge Farbe klebte, und schmierte sie ihm genüßlich über seine Visage, und dann verschwand ich, und er schrie hinterher, wir würden von seinem Anwalt hören. O, nein ... ich weiß nicht, ob ich lachen oder weinen soll?«

Sie entschied sich für die letzte Möglichkeit, warf sich der

Länge nach aufs Sofa und brach in ein hysterisches Schluchzen aus. Ich wartete eine Weile, bis das Schlimmste überstanden war.

»Sag mal«, fragte ich dann bedrückt, »habe ich wirklich ›Segelohren‹?«

Ich genieße es, in Jugenderinnerungen zu schwelgen, das kann doch nicht schaden. Zum Beispiel habe ich all meine alten Liebesbriefe aufbewahrt, auch die hochtrabenden, die ich seinerzeit von meinem Mann bekam. Alle Achtung! Damals ging er ran wie Blücher, aber heute kann er es nicht ausstehen, wenn ich ihm mit der größten Wonne daraus vorlese. Ehrlich gesagt, vielleicht tue ich es nur aus Rache über die Art und Weise, wie er unsere erste Begegnung schildert …

Romantik – zu zweit

Ich gebe es gerne zu, ich bin von Natur aus ein wenig romantisch. Ich sehe nicht ein, warum man seine Erinnerungen aus der süßen Jugendzeit nicht hegen und pflegen soll, besonders einige kann man nicht einfach im Laufe der Jahre vergessen. Für meine ersten Liebesbriefe hat mein Mann höchstens ein verlegenes Grinsen übrig. Ich habe sie feierlich mit einem roten Seidenband zusammengebündelt und in einem kleinen chinesischen Lachkästchen aufbewahrt, wo auch eine Locke meiner Jungmädchenzöpfe liegt. So manche stille Stunde habe ich mir die Briefe vorgenommen und durchgeblättert, und da läßt sich nicht vermeiden, daß hin und wieder tiefe Seufzer die Erinnerungen begleiten. Ach ja, die jungen Kavaliere aus der vorehelichen Zeit … wie schön war es doch. Natürlich gibt es auch eine Geschichte darüber, wie mein Mann mir derzeit begegnete, und gerne würde ich sie erzählen, aber nachdem ich neulich anhören mußte, wie ungehobelt mein Mann unsere erste Begegnung schilderte, habe ich, ehrlich gesagt, das Interesse an dieser Episode verloren, und ich will lieber schnell an etwas anderes denken …

Wir hatten gerade warm zu Abend gespeist, ein lukullisches Mahl, Steak mit jungen Kartoffeln und frischem Gemüse. Der Aufwasch war glücklich überstanden, und ich genehmigte mir eine gemütliche Zigarre. Marianne saß mit ihrem Nähzeug im Sofa, und ich hatte meinen Enkel, den reizenden kleinen Jakob, auf dem Schoß und laß ihm Grimms Märchen vor.

»So, mein Kleiner«, sagte ich nach einer Weile und schlug das Buch zu, »da kriegte die böse Hexe ihre wohlverdiente Strafe, der Prinz erhielt seine Prinzessin und das halbe Königreich, und für dich ist es höchste Zeit, ins Bett zu kommen. Hopp, hopp, ausziehen und Zähneputzen nicht vergessen! Sag Oma und Opa schön gute Nacht, bis morgen!«

Der Vorschlag schien ihn nicht zu begeistern. Jakob begann unverzüglich mit seiner Verzögerungstaktik.

»Opa«, sagte er eifrig, »wo hast du eigentlich Oma getroffen, als du sie zum ersten Mal gesehen hast?«

»Das erzähle ich dir ein anderes Mal. Jetzt marsch ins Bett!«

»Hast du sie auch von einem feuerspeienden Drachen befreit?«

»Natürlich nicht. Das heißt ... sie hatte ja eine Mutter, aber das ist was anderes, ha, ha ... richtige feuerspeiende Drachen existieren nur in Märchen.«

»Wo hast du sie denn getroffen?«

»Tja ...«

Ich warf Marianne schnell einen Blick zu. Ich wußte nicht, ob sie damit einverstanden war, daß ich so ohne weiteres über unsere erste Begegnung berichtete.

»Das ist doch keine Geschichte für den Jungen«, warf sie ein, »jedenfalls nicht so, wie du sie immer schilderst.«

Ich wußte es ja, sie war dagegen.

»Andererseits liegt doch nichts Böses darin ... oder Verkehrtes«, wandte ich ein, »dem Jungen schadet es nicht, das zu hören. Wenn Kinder fragen, sollen sie auch eine Antwort bekommen.«

»Gerade die Geschichte erzählst du in einer so blöden Version.«

»Blöde Version? Ich halte mich an die nackten Tatsachen. Das kann doch nicht verkehrt sein. Also, mein lieber kleiner Jakob ... wo ich zum ersten Mal deine Oma traf? Ja, das will ich dir erzählen. Es war an einem schönen Sommertag vor vielen Jahren. Ich hatte mich heiß in ein Mädchen namens Johanna verliebt. Sie war etwa fünf, sechs Jahre jünger als deine Oma, ein großes, schlankes, blondes Mädchen mit reizenden Grübchen, wenn sie lächelte ... die vergesse ich nie. Und ihr Lächeln ...«

»Ich glaube, du brauchst des Kindes wegen nicht in Einzelheiten zu gehen«, bemerkte Marianne kalt, »es reicht wohl, wenn du ihm erzählst, daß sie eigentlich eine kleine sommersprossige, x-beinige, dumme Gans war ...«

Ich überhörte die Unterbrechung und fuhr fort: »Wie gesagt, ich war also wild verliebt in das Mädchen Johanna, aber ihre Eltern widersetzten sich dieser Verbindung energisch, denn wir gehörten verschiedenen sozialen Schichten an. Als wir von Verlobung redeten, verbot mir ihr Vater ganz einfach, das Haus zu betreten, und ich sank in tiefe Verzweiflung ... zumal ich wußte, daß meine Liebe erwidert wurde. Ich war nämlich, wenn ich es mal so ausdrücken darf, ein ganz attraktiver Mann in meinen jungen Jahren. Etwa wie der Prinz, den du hier auf den Bildern sehen kannst. Nur besaß ich kein weißes Roß. Nun, langsam reifte ein kühner Plan in meinem jungen verliebten Kopf, den Plan zu einer Flucht. Ich wollte die Schöne entführen, mit ihr nach Kanada oder Australien ausreißen und sie dort heiraten. Aber ihre Eltern bewachten sie so streng wie die Hexe die Prinzessin, von der ich dir vorgelesen habe. Sie setzten ein extra Sicherheitsschloß vor die Tür ihres Jungmädchenzimmers und verboten ihr, abends allein auszugehen. Es gab nur einen Ausweg: durch ihr Fenster zu steigen, sie auf meinen starken Armen die Leiter runterzutragen und sie ins Gelobte Land zu entführen. Ein letztes Mal suchte ich ihren cholerischen Vater auf, wollte ein friedliches Gespräch führen, um zu einer gütlichen Regelung zu finden, jedoch ...«

»Aber Opa, wo hast du Oma getroffen? Das wollte ich doch nur hören!«

»Das kommt jetzt. Paß auf und unterbrich mich nicht immer. Wo waren wir stehengeblieben?«

»Beim Vater dieser Ziege. Er schmiß dich vom dritten Stock die Treppe runter, und du Schwächling hast dir ein paar Rippen gebrochen.«

Ich warf Marianne einen empörten Blick zu.

»Jetzt erzähle ich. Tja, ich packte also meine Koffer und beschaffte mir eine lange Leiter. Und dann hatte meine große Stunde geschlagen. Es war ein lauer, sternenklarer Augustabend. Vorsichtig schlich ich auf den großen, grauen Häuserblock zu, wo der Traum meines Lebens mit klopfendem Herzen verzweifelt die Hände ringend im dritten Stock am Fenster saß und wartete ...«

»Auf ihren Ritter!« half Marianne.

»Ich stellte die Leiter an die Mauer und begann hochzuklettern. Und dann ... zu meinem lähmenden Entsetzen – entdeckte ich, daß die Leiter zu kurz war! Sie reichte gerade bis zum zweiten Stock und keinen Zentimeter weiter. Da stand ich also mit meinen teuren Fahrkarten für den Australiendampfer, der in knapp einer Stunde abfuhr. Das war die unangenehmste Situation, in der ich mich je in meinem jungen Leben befunden hatte.«

»Und wie hast du es dann geschafft, Opa? Bist du den Rest der Mauer hochgeklettert?«

»Ach nein, mein Kleiner ... das war unmöglich. Ich war ja kein Supermann. Aber auf der Höhe des zweiten Stockwerkes erblickte ich ein anderes junges Mädchen, deine Oma. Na ja, da nahm ich sie als Ersatz. Ich zog höflich meinen Hut, lächelte sie mit all meinem jugendlichen Charme an, lud sie ins Kino ein und konnte am nächsten Tag das Geld für die Dampferkarten einlösen. Mit deiner Oma brauchte ich ja nicht nach Australien zu reisen – ich meine –

wenn ich die Sache ebensogut mit zwei Kinokarten ritzen konnte.«

Wie bereits eingangs erwähnt, schnaubt Marianne immer vor Wut, wenn ich über unsere erste Begegnung berichte, und die Reaktion ließ auch diesmal nicht auf sich warten. Ich meinerseits finde die Geschichte romantisch und spannend. Fluchtpläne, Sternenhimmel, Verführungsszene und so weiter – romantischer geht's doch wirklich nicht!

Vor zwanzig Jahren konnten es sich die Frauen hierzulande noch erlauben, am Muttertag morgens in den Federn zu bleiben, wo man ihnen den Morgenkaffee servierte. Heute läßt man ihnen nicht mal dies kleine Vergnügen, nachdem auch Politik und Gewerkschaften von dieser ganzen Frauen-Emanzipations-Hysterie verseucht sind. Ich wage es kaum einzugestehen, aber mein Mann serviert mir am Muttertag immer noch Kaffee am Bett, obwohl es – zugegeben – eine wahnsinnige Strapaze ist, ihn morgens so zeitig zu wecken, daß er in die Küche taumeln und Kaffeewasser aufsetzen kann – anstatt im Badezimmer zu landen und sich zu rasieren …

Die Feiertage des Jahres – zu zweit

Zum idealen Leben zu zweit gehört es unter anderem, daß man die Festtage des Jahres würdig zusammen begeht. Wie herrlich, diese feierlichen Erlebnisse mit einem Partner teilen zu können: einzuladen, zu geben und zu empfangen, den Hochzeitstag zu feiern, gemeinsam die Silvesternacht zu erleben, wenn das alte Jahr verrinnt, den Geburtstag, den Muttertag … hoppla, da habe ich wohl Unsinn geschrieben. Muttertag kennt man ja kaum noch. Ich weiß nicht, ob ein Gesetz den Muttertag bereits abgeschafft hat oder ob so ein Gesetz vorbereitet wird. Wir feierten jedenfalls noch Muttertag, bevor wir weibliche Polizisten bekamen, weibliche Schweißer im Ruhrgebiet, Frauen in kirchlichen Ämtern und beim Militär. Heutzutage ist Muttertag ein verpöntes Wort, ich weiß – aber lassen Sie mich ganz ehrlich sein. Wir bei uns zu Hause feiern noch den Muttertag. Also nur ein bißchen und ohne daß jemand außerhalb unserer vier Wände davon etwas merkt. Tief in meinem Herzen, wo sich Vorfreude, Dankbarkeit und Glücksgefühl regen, warte ich jedes Jahr voller Spannung auf den Muttertag. Das heißt, wenn ich an den Muttertag, des letzten Jahres denke …

Frauen sind seltsam. Marianne hält den Muttertag für den größten und wichtigsten Festtag im ganzen Jahr. Wie kein anderer dieser alten, würdigen Festtage aus der guten alten Zeit scheint der Muttertag das weibliche Gemüt aufzuwühlen. Denn nur einmal im Jahr wird ihr hartes Schicksal von der Umwelt – also vom Mann – gewürdigt.

Ich habe nur einmal versagt. Letztes Jahr.

»Ich stelle den Wecker auf den Nachttisch, dann kann ich ihn nicht überhören«, erklärte ich am Abend zuvor. »Wenn ich trotzdem verschlafen sollte – würdest du mich dann bitte wachrütteln? Und wenn gar nichts hilft, darfst du mir gern deine Polar-Schock-Behandlung verabreichen.«

Die Polar-Schock-Behandlung ist Mariannes persönliche, satanische Erfindung. Sie holt Eiswürfel aus dem Tiefkühlfach und steckt sie unter meinen Schlafanzug, auf meinen nackten Bauch. Im Bruchteil einer Sekunde ist man aus dem Bett.

»Ich begreife nicht, warum du morgen so früh raus mußt. Morgen ist Sonntag, da kannst du doch bis halb elf im Bett bleiben, wie sonst auch.«

»Morgen nicht. Morgen ist Muttertag. Übrigens, wo hast du den Kaffee?«

Mariannes Gesicht leuchtete auf. »Auf dem Bord in der Ecke. In einer roten Dose, da steht KAKAO drauf.«

»Und das Ei? Hart oder weich gekocht?«

Sie flog mir um den Hals. »Du bist ja ein Wonnestück«, jubelte sie, »ich wette, du willst mir Kaffee am Bett servieren.«

»Kaffee am Bett«, wiederholte ich und zog meine Stirn verständnislos in Falten, »davon habe ich kein Wort gesagt. Aber, wie gesagt, dir ist gestattet, mich mit allen Mitteln aus dem Bett zu jagen. Tu dir keinen Zwang an.«

Zur Sicherheit bestellte ich auch telefonischen Weckruf.

Das Frühstück am Bett sollte eine Überraschung sein. Endlich wollte ich zeigen, daß ich keine Mühe scheute, etwas für meine Mitmenschen zu tun, wenn es darauf ankam. Zum Beispiel Marianne einen richtig schönen Muttertag zu bescheren, wie in den guten alten Zeiten und nach allen Regeln der Kunst. Ich wollte mich nicht damit begnügen, zum nächsten Blumengeschäft zu rasen und ihr ein paar gammelige Rosen zu kaufen. Mein Gott, was bedeutet es denn schon, mal eine Stunde früher aufzustehen? Wenn diese simple Tasse Kaffee am Bett zum Muttertag den Müttern und Frauen unseres Landes so viel bedeutet, den reaktionären Typen also – na ja, dann sollten sie die kriegen.

Ich legte mich also zur Ruhe mit dem festen Entschluß, beim ersten Schrei des Weckers aus dem Bett zu springen. Dem telefonischen Weckruf würde ich natürlich zuvorkommen.

Ob der Wecker im Lauf der Nacht zusammenbrach, ob ich das Telefon überhörte oder ob ich einfach alles verschlief, wird nie geklärt werden. Keine Ahnung, ich weiß nur, daß ich plötzlich wie ein brüllender Löwe mit einem meterhohen Satz aus dem Bett sprang, wobei Eiswürfel in alle Richtungen flogen oder durch meine Pyjamahosen rutschten.

Ich warf einen vorwurfsvollen Blick auf Marianne. Nach ihrem unschuldigen Gesichtsausdruck zu urteilen, mußten die Eiswürfel selbständig aus dem Kühlschrank gehüpft, die Treppe zum Schlafzimmer raufgelaufen sein und sich auf meinen nackten Bauch gelegt haben.

Ich blieb ein paar Minuten auf dem Bettvorleger stehen und ließ den Kopf hängen. Es wurde dunkel um mich, und langsam glitt ich schlummernd ... mit einem Satz fuhr ich hoch. Ein paar Eiswürfel hatten mit voller Kraft meinen Nacken getroffen. Wutschnaubend flog ich zu Marianne rüber und riß ihr die Decke weg.

»Was bildest du dir ein, mich am Sonntagmorgen um diese Zeit zu wecken?«

»Heute ist Muttertag.«

MUTTERTAG. Ich ließ die Decke los und wankte schlaftrunken die Treppe runter. In meinem benebelten Zustand sagte mir das Wort nichts weiter, als daß ich mich in der Küche einzufinden hätte, aber was sollte ich dort? Ich guckte eine Weile verständnislos auf das Waschbecken, den Elektroherd und den Mixer. Auf letzteren starrte ich minutenlang, dann sagte eine innere Stimme meiner Vernunft, daß es unmöglich meine Aufgabe sein könnte, am Sonntagmorgen um 7.16 Uhr Schlagsahne zu schlagen. Ich drehte mich also um und machte mich auf den Weg in mein warmes Bett. Im selben Moment erklang Mariannes hellwache Stimme neben mir.

»Der Kaffee ist in einer roten Blechdose. Da steht KAKAO drauf. Nicht zu übersehen.«

Kaffee am Bett! Das war's! Es war Muttertag, und Marianne sollte Kaffee am Bett serviert haben. Ich schlurfte wieder in die Küche, setzte Wasser auf und fand ein paar Brötchen von gestern. Ich hätte ein Königreich für ein warmes Bett an meiner Seite gegeben, schön kuschelig mit weichen Kissen.

»Hast du ihn gefunden?«

»Wen?«

»Den Kaffee.«

»Nein, wo ist er?«

»Auf dem Bord in der Ecke. In einer roten Dose, steht KAKAO drauf.«

Ich fand die Dose. Dann schwankte ich die Treppe hoch ins Schlafzimmer. Ich schüttelte Marianne.

In strahlender Erwartung kam sie halb aus dem Bett hoch.

»Du willst mir doch wohl nicht Frühstück am Bett servieren?« frohlockte sie.

»Ich möchte nur wissen, ob dein Mohnbrötchen hart oder weich gekocht sein soll – Quatsch – hart oder weich gekocht – das Ei also?«

»Weich gekocht.«

Ich latschte wieder in die Küche, holte einen Stieltopf, legte ein Ei hinein und setzte ihn auf die Kochplatte. Dann fiel ich müde auf einen Hocker, um die Zeit totzuschlagen, bis das Ei gekocht war. Ich nickte etwas ein und glitt langsam ... ein Pfeifen jagte mich hoch. Der Kessel mit dem

Kaffeewasser! Das Ei war noch nicht fertig. Ich hatte vergessen, Wasser in den Stieltopf zu füllen, aber das Ei war weder angebrannt noch in die Luft gesprungen. Ich hatte auch vergessen, die Kochplatte anzustellen.

Mit einem herzhaften Gähnen, daß es in meiner Schädeldecke knirschte, kletterte ich die Treppe zum Schlafzimmer hoch. Marianne schien fest zu schlafen. Ich berührte ihre Schulter. »Und jetzt dein Brötchen ... was willst du drauf haben? Wo steht die lahme Made ... äh, die Marmelade?«

»In einem Glas, da steht Honig drauf.«

Schlaftrunken wackelte ich auf den Flur und aus der alten Gewohnheit in Richtung Badezimmer.

»Zur Küche geht's die Treppe runter, erste Tür links!« rief Marianne mir nach.

Ich änderte die Richtung und erreichte die Küche. Zwanzig Minuten später war der Kaffee fertig und der ganze Klimbim fein angeordnet auf einem Tablett. Nur die Marmelade fehlte. Im Honigglas mußte Rote Bete gelegen haben. Jedenfalls bemerkte ich eine Senfgurke mit Roter Bete auf dem Tablett. Auf der Türschwelle zum Schlafzimmer stolperte ich. Das Ei fiel runter und rollte aufs Parkett. Aber es hielt, das Ei also. Ich hob es auf und betrachtete es genauer. Es sah merkwürdig dunkelgrün aus. Vielleicht war es doch nicht so weich gekocht. Aber die Form eines Eies hatte es noch.

Ich setzte das Tablett auf Mariannes Decke. Sie war mittlerweile richtig fest eingeschlafen. Inzwischen war es fünf Minuten vor acht geworden. Ich fühlte mich kaum noch schläfrig. Eigentlich war ich hellwach. Ich warf einen Blick auf das Tablett mit dem heißen, dampfenden Kaffee, den warmen Brötchen, dem Ei, Käse und allem anderen.

Und dann tat ich etwas, was ich mir mein Leben lang nicht werde verzeihen können und sollte ich zweihundert Jahre alt werden. Ich schlüpfte ins Bett und vertilgte das Frühstück bis zum letzten Krümel.

Es ist zum Verzweifeln, aber mein Mann in einer Gesellschaft ist ein hoffnungsloser Fall. Entweder macht er den ganzen Abend nicht den Mund auf – es sei denn, er füllt etwas Eßbares oder Trinkbares hinein, da kennt er keine Probleme – oder er gibt so einen Blödsinn von sich, daß ich an meiner Halskette reißen muß und die Perlen in alle Richtungen fliegen: so kann ich die Aufmerksamkeit der Gäste von meinem Mann weg auf etwas nicht ganz so Peinliches lenken …

Gäste einladen – zu zweit

Das Leben zu zweit ist wunderschön.
Aber auch zu viert oder acht kann es gemütlich sein.
Beispielsweise bei einem guten Essen.
Ich selbst lasse mich am liebsten einladen. Allein
das Vergnügen und die Vorfreude bei der
Vorbereitung, wenn man sich schön
und elegant macht. Wunderbar! Aber ich habe
auch gern Gäste. Das Planen vorher bringt
mir viel Spaß – einzukaufen, einen
wirklich hübschen, festlichen Tisch zu decken, das
ganze Haus zu schmücken, überall mit Kerzen
in Silber- und Bronzehaltern und was
sonst die gemütliche Atmosphäre fördern könnte.
Ich finde es auch spannend, das Menü zu planen, in
Kochbüchern zu blättern, etwas wirklich
Raffiniertes hinzuzaubern, am liebsten etwas
Neues, was man noch nie serviert hat.
Und wenn sonst alles klappt und Frau Sommer,
unsere Köchin, gute Laune hat und das
junge Mädchen beim Servieren nicht allzu hektisch
herumscheucht, und wenn die Gäste in guter
Stimmung sind, und wenn mein Mann
ausreichend für die richtigen Weine gesorgt
hat und alles wie geschmiert läuft, ja, dann genieße
ich es in vollen Zügen, unsere Freunde zu
einem erlesenen Essen einzuladen – wenn bloß
mein Mann etwas gesellschaftsfähiger
veranlagt wäre …

Also gut, ich gebe es ohne Umschweife zu: ich bin kein ausgeprägt gesellschaftlicher Typ. Die Kunst, sich in einer Gesellschaft gut aufzuführen, besteht für mich darin, mit geschlossenem Mund gähnen zu können. Neulich konnten wir aber nicht länger mit einer Einladung warten, wir schuldeten unserem Bekanntenkreis eine Party. Es blieb uns also nichts anderes übrig, als eine kleine Gesellschaft zu geben.

»Aber versuch bitte, dich ein wenig gesellschaftlich aufzuführen«, ermahnte Marianne mich im voraus, »wenn ich noch daran denke, wie unmöglich du dich letztes Mal vor unseren Gästen benommen hast!«

Das muß man Marianne zugestehen: sie hat ein Gedächtnis wie ein Elefant. Ich wage zu behaupten, daß sie sich sogar noch besser als jene Elefanten erinnern kann, von denen man unglaubliche Geschichten gehört hat. Daß ich im letzten Winter auf einer Gesellschaft mal lange und ausgiebig gegähnt habe, hätte ein Elefant doch längst vergessen.

»Der Whisky oder der dünne Kaffee hat mich eingeschläfert«, verteidigte ich mich, »und dann das Gequassel über die verworrene politische Lage im Nahen Osten, das Thomsen über uns ergoß, oder war es China? Der Mann ist ein ganzer Supermarkt von idiotischen politischen Anschauungen, und er preist sie wie Sonderangebote zu Rabattpreisen an.«

Marianne hörte nicht zu. Plötzlich schien sie eine Idee zu kriegen.

»Ich denke an die Gesellschaft am Sonnabend«, begann sie, »jetzt hör mal zu ... jedesmal, wenn du etwas verkehrt machst oder etwas vergißt, dann fasse ich an meine Halskette und fummle so lange an den Perlen, bis du entdeckst, was für einen Schnitzer zu gemacht hast.«

»Du scheinst meine Qualitäten als Gastgeber nicht sehr hoch einzuschätzen«, erwiderte ich leicht verdrossen, »aber, wenn du kein größeres Vertrauen in mich setzt, bitteschön!«

»Ich will dich nicht ärgern, aber um ehrlich zu sein, du bist nicht gerade geistig ... äh, ich meine, irgendwie geistesabwesend, das hängt sicher mit deiner hohen Intelligenz zusammen.«

Ein hartes, offenes Urteil, wenn auch mit rosa Schleife drum. Denn ich habe gehört, daß viele Persönlichkeiten des kulturellen Lebens, beispielsweise berühmte Schriftsteller, es geradezu als Kompliment betrachten, wenn sie in Anwesenheit anderer zerstreut und geistesabwesend wirken. Also fühlte ich mich geschmeichelt.

Ich hätte gern gewußt, wie Einstein oder Bernard Shaw die Rolle des Gastgebers überstanden, aber leider kannte sich Marianne in diesen Eigenschaften jener beiden Herren nicht aus.

Na, der Sonnabend kam, und die Gäste erschienen, darunter mein Verleger mit seiner jungen hübschen, gutgebauten Frau. Wir plauderten über Wind und Wetter und nippten am Cocktail. Dann bat Marianne zu Tisch. Wir hatten die Suppe überstanden und waren schon beim Rehbraten angelangt, als Marianne plötzlich fieberhaft an ihrer Kette zu fummeln begann und dabei starr mein Glas fixierte. Blitzschnell hob ich es in Augenhöhe.

»Lassen Sie uns das Trinken nicht vergessen«, wandte ich mich allen Gästen zu, »auf Ihr Wohl! Wir danken für Ihr Kommen. Zum Wohl, Herr Martens und ... äh, Moment mal, ich meine ... zum Wohl, gnädige Frau ... äh ...«

Im letzten Moment fiel mir ein, daß man niemals versäumen darf, seiner Tischdame zuzuprosten. Ich ließ also Martens fallen und trank statt dessen meiner Tischdame zu, der hübschen jungen Verlegerfrau.

Der Rehbraten wurde zum zweiten Mal herumgereicht, und alles verlief nach Plan. Als ich keinen Bissen des erlesenen Mahles mehr runterkriegen konnte, lehnte ich mich satt und zufrieden auf meinem Stuhl zurück, um ein wenig zu dösen. In dem Moment sah ich Marianne eifrig an ihrer Kette hantieren. Was war nun los? Sollte ich aufstehen und die Tafel aufheben? Sollten wir denn keinen Nachtisch kriegen? Schnell hielt Marianne zwei Finger an den Mund und pustete verstohlen. Natürlich, etwas zu rauchen! Das war deutlich. Wie der Blitz schnellte ich hoch und gebot dem Serviermädchen, das silberne Tablett mit den Rauchwaren herumzureichen. Dann sank ich wieder auf meinen Platz, holte mein Feuerzeug hervor und zündete mir ein leichtes holländisches Zigarillo an. Wieder fingerte Marianne nervös an ihrer Halskette, dabei ließ sie ihren Blick zwischen mir und der Verlegerfrau hin- und hergleiten.

»Entschuldigung« murmelte ich verlegen, »ich vergaß, Ihnen Feuer zu geben.«

Die Rumspeise wurde serviert, und schließlich waren wir bei Kaffee und Cognac angelangt. Marianne berührte ihre Kette nur einmal, als nämlich die kleine Kristallschale mit den selbstgebackenen Vanillekeksen und Schokoladenkringeln die Tischrunde machte und bei mir stehenblieb, weil ich das Zeug nicht ausstehen kann.

»Zum Wohl, liebe Freunde und vielen Dank, daß ... äh, oh bitte, Frau Lund, möchten Sie nicht die Vanillekekse probieren?«

Sie probierte. Der Abend schleppte sich dahin. Für meinen Verleger und ein paar Herren arrangierte ich eine Partie Bridge in der Bibliothek, und im Wohnzimmer stellte ich einige Tischchen und Nippes beiseite, damit die jüngeren Leute ein Tänzchen wagen konnten. Und währenddessen erzählte mir die Verlegerfrau von ihrer letzten aufregenden Reise nach Barbados. Dann forderte jemand sie zum Tanzen auf, und ich ließ mich in einer Ecke des Salons nieder, um mich ein wenig auszuruhen.

Ich glaube, ich war einen Moment eingenickt. Jedenfalls zuckte ich plötzlich zusammen, weil ich meinen Zigarrenstummel fallen ließ. Zum Glück war der Stummel längst ausgegangen, aber was schlimmer war: Marianne fummelte so heftig an ihrer Kette, daß diese jeden Augenblick zu zerreißen drohte. Offenbar fand sie es unpassend, daß ich ein kleines Nickerchen machte – wo ich es doch so bitter nötig hatte nach all den anstrengenden Vorbereitungen, dem guten reichen Essen und den erlesenen Weinen.

»Versorgst du die Damen mit Wein?« lächelte sie angestrengt, »und haben die Herren genug Whisky?«

Ich hatte vollauf zu tun. Die ständige Rennerei nach Getränken, Gläsern, Eiswürfeln, nach Erdnüssen und Salzstangen, nach Oliven, Zigaretten, Streichhölzern, nach Aschenbechern und Konfektschalen und tausend anderen Kleinigkeiten, die bei so einer kleinen lächerlichen Gesellschaft erforderlich sind, hielt mich die ganze nächste Stunde in Trab. Wozu Marianne eigentlich ein Serviermädchen bestellt hatte, war mir nicht klar.

Aber endlich – die Gesellschaft brach ja auch mal auf. Ich holte schnell die Mäntel von der Garderobe und beeilte mich, die Gäste an die Tür zu geleiten. Als ich die Tür hinter den letzten Gästen geschlossen hatte, fiel ich erschöpft in die Sofaecke, streifte meine Schuhe ab und ließ die Zehen in den seidenen Socken spielen. Dann warf ich das Jackett und den Schlips zur Seite und öffnete den obersten Knopf meines weißen Hemdes.

»Puha«, rief ich Marianne im Eßzimmer zu, »was für ein Abend! Muß man stundenlang da sitzen und sich geschwollene Geschichten von Barbados anhören, die diese dumme Gans sich ausgedacht hat. Um ehrlich zu sein, ich weiß nicht mal, wo Barbados liegt, und es kümmert mich auch nicht die Bohne.«

Ich blickte durch die Eßzimmertür und sah Marianne an ihrer Halskette reißen, daß ungefähr 217 Perlen wie Hagelschauer in alle Ecken flogen.

»Was habe ich denn jetzt gemacht?« murmelte ich verwirrt und erhob mich. Da erblickte ich meinen Verleger und seine hübsche junge Frau. Sie waren noch nicht gegangen.

Mein Mann hat pünktlich um 9, um 13 und um 18 Uhr Mordshunger. Und wenn das Essen nicht genau auf die Minute dreimal täglich auf dem Tisch steht, ist er unausstehlich. Aber neulich wurde es doch ein paar Minuten später, weil ich ihm eine unerwartete, aber ausgezeichnete Frage stellte …

Das Mittagessen – zu zweit

*Das ideale Paar muß sich auch
darum bemühen, den täglichen kleinen Reibereien
aus dem Wege zu gehen. Wer Zeitung und
Brötchen teilt, sollte sich und den
Partner an unbehaglichen Situationen
vorbeimanövrieren. Bei uns zu Hause genügt eine
mißliche Kleinigkeit, und schon ist mein
Mann beleidigt und fühlt sich auf
den Schlips getreten. Und zwar besonders in puncto
essen, also dreimal am Tag. Ich habe den
Eindruck, daß essen für ihn das Wichtigste auf
dieser sonderbaren Welt ist. Mag eine Brandbombe
explodieren oder eine Sturmflut rasen,
mag die Regierung fallen oder ein Terrorist
ein Flugzeug kapern, laß es blitzen und
donnern und hageln – das alles läßt ihn eiskalt,
solange das Essen pünktlich auf dem Tisch steht.
Und nicht das geringste darf fehlen.
Das weichgekochte Ei muß wirklich weich sein,
und wenn ich in der Eile die Petersilie an
den Kartoffeln vergessen habe,
ertönt ein Gebrüll, als fiele das Haus zusammen.
Ist die Suppe zu heiß oder zu kalt, weigert
er sich, auch nur einen Löffel voll zu essen.
Aber wenn er sein Lieblingsessen bekommt, und
zwar so, wie seine Mutter es kochte,
dann sollten Sie ihn mal sehen, dann strahlt er wie
ein Honigkuchenpferd und ist so lieb,
so herzlich, so gütig, milde und gnädig …*

Ich nippte an meinem trockenen Martini. Vor dem Mittagessen bekomme ich immer einen eiskalten Martini. Marianne kam aus der Küche.

»Was magst du am liebsten?« fragte sie.

Ich setzte das Glas ab und überlegte.

»Dich«, entgegnete ich, in der festen Überzeugung, das Richtige getroffen zu haben. Worauf ich mich erneut meiner Zeitung zuwandte.

»So habe ich das nicht gemeint. Welches Essen du am liebsten magst.«

Fast hätte ich gesagt »Muttis«, aber schnell schluckte ich die Bemerkung runter. Mariannes Gesicht kriegt immer so einen säuerlichen Zug um die Mundwinkel, wenn ich von der Kochkunst meiner Mutter schwärme. Seit frühester Kindheit hat man sich daran gewöhnt, das Essen der eigenen Mutter zu lieben, also nicht verwunderlich, daß man es bis heute verteidigt. Obwohl eigentlich das Beste daran war, daß man es gratis kriegte.

»Wach doch mal auf. Ich möchte wissen, was dein Leibgericht ist.«

»Ach so. Ja, eine ganze Menge. Beispielsweise Grünkohl, mit braunen Kartoffeln und Bratwurst mit Speck. Und massenweise Senf. Das ist ein richtiges Männeressen. Aber natürlich gibt es auch viele andere Gerichte, die mir schmecken.«

»Sag mir, was du am allerliebsten magst.«

»Was darf es kosten? Und wer soll es bezahlen.«

»Der Preis spielt keine Rolle. Und keiner soll es bezahlen. Ich möchte es nur wissen.«

Ich legte die Zeitung beiseite und überlegte gründlich. Plötzlich fand ich, alles Eßbare würde mir vorzüglich schmecken. Aber das konnte auch daran liegen, daß es auf 13 Uhr zuging und das Essen zu dieser Zeit pünktlich auf dem Tisch zu stehen pflegt.

»Ja, also zuerst hätte ich gern eine frische Suppe mit Einlage, dann gekochten Lachs mit Sauce hollandaise, schmeckt immer herrlich, und dann Kasseler – natürlich kein mit Nitrit und anderem Gift vollgepumptes Stück, sondern rein und echt wie in der guten alten Zeit, direkt aus Metzger Harders eigener Räucherkammer. Und zum Abschluß Crêpe Suzette, die kleinen Pfannkuchen müssen sich geradezu in Cognac aalen. Und dann darfst du gern mit dem Mokka, einem Stück Makronenkuchen und meiner Zigarre kommen ...«

»Ein Candlelight-Dinner solltest du eigentlich nicht zusammenstellen. Ich habe dich bloß gefragt, was dein Lieblingsessen ist. Das kann doch nicht so schwer sein ...«

»Also, Pumpernickelhappen mit verschiedenen französischen Käsesorten, dazu ein Glas Beaujolais und ...«

»Ach du ... ein warmes Essen. Was ist dein Leibgericht zu Mittag?«

»Eigentlich esse ich alles gern. Das weißt du doch. Aber wenn ich absolut etwas nennen soll ... ziemlich schwierig. Es gibt so viel. Sollen wir übrigens nicht bald essen? Ich habe einen Mordshunger.«

»Schweinebraten, das ist doch dein Leibgericht, nicht? Mit krosser Speckschwarte. Und ein Riesenteller würziger Rotkohl.«

»Ja, auch gut. Aber nicht das allein. Wart mal, ich hab's! Lungenragout oder Leberragout, richtig lecker, wie zu Großmutters Zeiten auf dem Lande, wenn wir gerade geschlachtet hatten. Dazu Vollkornbrot und ein kleiner Waldmeister. Ich könnte mir nichts Schöneres vorstellen. Das kennt man heute gar nicht mehr, schade. Das habe ich nicht gegessen seit ... nein, aber wart mal. Am allerbesten ... wenn ich mal ein exklusives Niveau anlegen darf ... fände ich einen schönen durchgebratenen Rehrücken mit Kronsbeeren und Waldorfsalat und ...«

»Also Rehbraten ist dein Leibgericht. Und laß mich jetzt hören, was du nicht ausstehen kannst.«

»Ich mag eigentlich alles. Du kannst gern decken, ich werde schon ...«

»Quatsch, es gibt hundert Dinge, die du nicht magst. Klippfisch zum Beispiel.«

»Klippfisch ist nicht gerade mein Leibgericht, aber essen kann ich es gern. Wenn der Klippfisch direkt aus Island kommt und man eine leckere Senfsauce dazu bereitet, schmeckt er gar nicht so schlecht. Das habe ich oft als Junge zu Hause bekommen, da mußten wir jeden Pfennig umdrehen ...«

»Fischklöße in Tomatensauce, das kannst du auch nicht ausstehen?«

»Na ja, ausstehen. Das esse ich auch. Wenn ich hinterher einen schönen Quarkauflauf bekomme, mit Rosinen und gezuckerten Apfelscheiben, dann habe ich nichts dagegen, vorher ein paar Fischklöße runterzuwürgen.«

»Und wie ist es mit Grießpudding?«

»Nein, pfui Teufel. Das ist nichts für mich, das gebe ich gern zu. Aber andererseits ... wenn man so einen Mordshunger hat wie ich gerade jetzt, dann ...«

»Also steht fest, dein Leibgericht ist Rehbraten mit Kronsbeeren und Waldorfsalat, und das Schlimmste für dich wäre Grießpudding. Und jetzt komm mal mit in die Küche.«

Leicht verwirrt stand ich auf und folgte ihr. Im Topf lag eine merkwürdige schwarze, verkohlte Masse.

»Das Telefon hatte geklingelt«, erklärte Marianne betont munter, »Vera hatte eine Menge zu erzählen, und dann ... ja, dann ist mir also der Grießpudding angebrannt. Aber das ist ja keine Katastrophe nicht? Stell dir vor, wenn es Rehbraten gewesen wäre ... dein Leibgericht!«

Etliche Jahre haben wir ganz zufrieden in einem großen alten Kasten, einer Art bürgerlichem Palast, gewohnt, mit vielen Gästezimmern und zahlreichen Kammern. Aber nun sind die Kinder aus dem Nest geflogen, und da wir es allmählich satthaben, für die ganze Familie aus der Provinz Hotel zu spielen, haben sich unsere Wohnbedürfnisse geändert. Ich persönlich wünsche mir schon lange ein kleines, schickes und praktisches Eigenheim, aber leider scheitert die Erfüllung meiner Wünsche daran, daß mein Mann an der modernen Bauweise alles mögliche auszusetzen hat …

Schöner wohnen – zu zweit

Das harmonische Leben zu zweit
erfordert auch, daß sich beide jederzeit in die
gegebenen Verhältnisse und Umgebungen
einordnen können. Zum Beispiel
müssen die Wünsche und Vorstellungen hinsichtlich
der Wohnung übereinstimmen, man muß
sich gemeinsam in seinen vier
Wänden wohl fühlen ... auch ohne Swimming-Pool.
Komisch, aber die Idealvorstellung von einer
Wohnung ändert sich ständig.
Bevor wir Kinder kriegten, waren mein Mann und
ich mit zwei Zimmern in einem ganz
profanen Wohnblock zufrieden, und später waren
wir sehr glücklich in unserem kleinen Reihenhaus.
Dann schienen uns die Wände irgendwie
zu erdrücken, und wir kauften ein größeres Haus.
Die Kinder flogen aus dem Nest,
und wir beide fühlten uns ganz verloren
in unserem Riesenkasten und sehnten uns wieder
nach der kleinen Hütte,
die wir einst besaßen ...

Wir hatten schon lange davon gesprochen, unseren alten, in jeder Beziehung unpraktischen Zehn-Zimmer-Wohnkasten gegen eine kleine Villa in passendem Format zu tauschen. In unserem jetzigen Haus sind die Decken im Wohnzimmer 7 m hoch, und es gibt 784 kleine Fenster, die 27mal im Jahr geputzt werden müssen.

Im Grunde besteht das Haus nur aus Treppen, Podesten, Gängen, Heizungen, Gästetoiletten und Anrichten. Und das Beefsteak, das wir normalerweise anrichten, werden wir auch in einer kleinen Villa anrichten können. Diese alten Kästen passen einfach nicht mehr in die heutige Zeit. Die moderne, kompakte Bauweise scheint das Wohnklima positiv zu beeinflussen, da die Chance besteht, daß man sich in den Räumen ab und zu begegnet.

Und nun standen wir vor unserem Traumhaus, vor einem kleinen flachen Typenhaus, das ein mit Prämien ausgezeichneter Architekt entworfen hatte. Es war gediegen gebaut, mit allem Komfort, ohne jeglichen Kunstfehler. Ein Haus, das unsere Erwartungen hundertprozentig zu befriedigen schien. »Ein schöner, geräumiger Aufenthaltsraum, nicht wahr?« lobte der Mann, der uns das Haus vorführte, »und beachten Sie den Klinkerboden, den Kamin und die weißen Steine der Außenwände, die Atmosphäre verbreiten.«

»Prachtvoll«, stimmte Marianne ihm zu.

»Ja, sehen Sie es schon vor sich, gnädige Frau? Ein weicher, flauschiger, schafwollener Wandteppich in skandinavischem Design an der weißen Wand und ein Eisbärenfell auf dem Klinker vor dem Kamin«, schwärmte der Mann, »dann ist das Glück vollkommen.«

»Wunderbar«, strahlte Marianne und fügte eifrig hinzu: »Dürfen wir die Küche sehen?«

Das durften wir. Sie war in Ebenholz gehalten, mit sizilianischen Kacheln an den Wänden, eine gemütliche Eßbar mit richtigen Barhockern, wie man sie in eleganten Nachtclubs findet.

Das Ganze wirkte so ausgeklügelt und avantgardistisch,

daß ich nicht begreifen konnte, wo man eigentlich sein Essen zubereitete, aber ich wollte mir nicht die Blöße geben zu fragen. Vielleicht gab es eine billige Grillbar um die Ecke.

»Phantastisch«, murmelte Marianne und notierte sich allen Küchenkomfort: »Eingebauter Kurzwellengrill, eingebaute Mikrowellenaufwaschmaschine, eingebaute Konservenablage, eingebauter Fonduetopf und eingebautes infrarotes 30-seconds-steak-grill-unit.«

»Hier fehlt nichts«, betonte der Mann.

Marianne wandte sich an mich: »Ich finde, da gibt es nichts zu bedenken«, rief sie und machte sich gar nicht die Mühe, ihre Begeisterung zu verbergen.

»Wieviel Schlafplatz gibt es hier? Wohl nicht so reichlich?« fragte ich etwas reservierter, kühl und geschäftlich.

Der Mann zeigte uns auch den Schlaftrakt. »Drei Schlafzimmer nebeneinander, spanisches Kachelbad mit japanischer Duschkombination, finnische Sauna und russisch-römische Seifennische, französisches Bidet und kindersichere Medikamentenablage. Eingebaute Heizung in Boden, Decke und Wänden, vollautomatische elektrische Trockenanlagen, beschlagfreie Spiegel und Klimaanlage. Wie Sie sehen, hier fehlt nichts.«

»Nein, da haben Sie wirklich recht. Alles elegant und handlich und praktisch und hübsch und funktionell.«

Marianne war begeistert und wandte sich wieder mir zu: »Ehrlich gesagt, was sollen wir noch weiter überlegen? Wir kriegen niemals etwas Besseres. Wenn das hier nicht der ideale Alterssitz ist, dann weiß ich wirklich nicht ...«

»Hat das Haus ein Gästezimmer?« erkundigte ich mich.

Der Mann sah mich verblüfft an. »Gästezimmer?«, wiederholte er erstaunt, »nein, natürlich nicht. Kein Gästezimmer, keine Extra-Arbeit ... nicht wahr, gnädige Frau?«

Marianne gab ihm hundertprozentig recht. »Von so einem Haus träume ich schon seit 10 Jahren«, schwärmte sie.

»Die Wände sind wohl nicht isoliert?« fragte ich skeptisch.

»Mit 10 cm Isoplastictix, isoliert gegen Wärme und Kälte, saugt statische Elektrizität auf, ionisiert, reguliert die Feuchtigkeit, Superisolierung überall. Sie sparen 33% Öl per Raum. Etwas Besseres läßt sich kaum finden. Natürlich mit einem Isolierungs-Zertifikat in drei Exemplaren vom Technologischen Institut.«

Marianne öffnete die Tür zu Waschküche und Abstellraum und war sofort von einer Kleinigkeit hingerissen.

»Nein, guck mal«, rief sie, »überall sind funkelnagelneue Nylon-Wäscheleinen gezogen ...«

»Wie gesagt, das perfekte Haus«, griff der Mann Mariannes Bemerkung elegant auf.

»Hm«, machte ich und kehrte noch mal in den riesigen Aufenthaltsraum zurück. Ich blickte mich kritisch um, klopfte fachmännisch an den Kaminschornstein, besah die Thermoscheiben, ließ meinen Blick prüfend über die Deckenleisten gleiten und pochte an die Außenwände.

»Hier gibt es keine Bedenken, nicht?« bettelte Marianne und wartete ganz nervös darauf, daß ich mich endlich entschließen sollte.

»Okay«, wandte ich mich schließlich an den Mann, »mit fünf Mark sind wir dabei; hier sind die fünf Mark, geben Sie mir mal das Los für die Lotterie. Vielleicht haben wir ja Glück.«

Es ist wirklich eine Tortur, für meinen Mann Mannequin zu spielen. Wenn ich einmal alle 7 Jahre mit meinem Mann zum Kleiderkaufen gehe, sitzt er da wie Kaiser Nero und hält den Daumen nach unten, und es ist ihm schnuppe, ob man in einem Balmain-Modell oder einem anderen vornehmen Stil vor ihm erscheint. Er zieht in jedem Fall die alten Fetzen vor, die zu Hause in meinem Schrank hängen – und hat längst vergessen, daß er auch da seinen Daumen runterhielt, als wir sie seinerzeit kauften!

Ein Kleid kaufen – zu zweit

Das Leben zu zweit ist wirklich eine Kunst – wenn man in einem Modesalon steht, seinen Mann mitgenommen hat und jeden Augenblick daran denken muß, ihn um Rat zu fragen, damit man keine Dummheit begeht und irgendeinen verrückten Fummel nach Hause bringt. Ich befinde mich jedesmal – sprich: jedes siebte Jahr –, wenn ich in die Stadt gehe und nach einem Nachmittagskleid gucke, in einem schrecklichen Dilemma. Nehme ich meinen Mann mit, gefällt ihm todsicher das Kleid, das wir kaufen, weil er mit seinem unfehlbar sicheren Blick und seinem nie versagenden Talent, eine schnelle und eindeutige Entscheidung zu fällen, das einzig Richtige gewählt hat. Nehme ich ihn nicht mit, kann er unter Garantie den elenden bunten Fetzen nicht ausstehen, den ich nach Hause bringe, und er wird sich niemals damit abfinden. Jedenfalls nicht, solange er sich erinnern kann, daß ich es allein gewählt habe. Obwohl es eine Nervenprobe ist, mit ihm zusammen einzukaufen, nehme ich ihn doch immer mit. Ich darf wohl behaupten, daß gerade in einem kleinen Modesalon das eheliche Zusammenleben harten, zermürbenden Belastungen ausgesetzt wird, verdammt noch mal ...

Ich bin mit einer Größe-40-Frau verheiratet. Ich selbst bin ein Größe-42-Mann, was heißen soll, daß ich mich in einem Hemd Größe 42 richtig angezogen fühle. Ich kann mich zwar mit Mühe und Not in ein Hemd Größe 40 zwingen, aber wenn ich es dann am Hals zuknöpfe, habe ich das dumme Gefühl, den Kopf durch ein Knopfloch gequetscht zu haben. Daher halte ich mich an die bequemere Größe 42.

Wenn ich behaupte, mit einer Größe-40-Frau verheiratet zu sein, muß ich das eigentlich einschränken. Das war vor zehn, fünfzehn Jahren. Heute würde ich sie definitiv für eine Größe-42-Frau halten. Natürlich wage ich nicht, ihr das direkt zu sagen. Welcher Ehemann hat schon den Mut, vor seine Frau zu treten und ihr geradewegs ins Gesicht zu sagen: »Du hast zugenommen, mein Schatz!«

Marianne trägt also Kleider Größe 40. Sie hat schon immer eine Figur gehabt – wie sie es selbst ausdrückt –, daß sie in jeden Modesalon hineinsteuern und alle Modelle Größe 40 von der Stange weg anprobieren kann, und sie sitzen wie angegossen. Ich habe den Verdacht, daß sie in der letzten Zeit die Modesalons vorgezogen hat, in denen die Modelle größer ausfallen, aber jedenfalls ... wenn ich mit ihr unterwegs bin, um ein Kleid auszusuchen, verlangt sie stets mit größter Entschiedenheit ein Modell Größe 40 – und daran gibt es nichts zu rütteln.

So auch neulich, als wir einen kleinen Modesalon im Zentrum betraten, um ein Nachmittagskleid für sie zu kaufen. Nach einer Konferenz mit der Verkäuferin suchte sie drei, vier Modelle aus dem Größe-40-Sortiment aus und verschwand in der Umkleidekabine. Einige Minuten später wurde ich gerufen, um ein Urteil zu fällen. Nun bin ich kein – und werde es hoffentlich niemals – professioneller Modeberater, daher darf niemand verlangen, daß ich hier ausführlich und bis in alle Einzelheiten beschreibe, welcher Anblick sich mir bot. Darf ich es bei der Bemerkung belassen, daß Marianne mir in einem todtraurigen, dunkelblauen Fetzen entgegentrat, der mit psychedelischem Krimskrams-

Muster und schreienden Blumentupfern an den Kanten versehen war.

»Na, was sagst du nun?«

Ich verkündete meine Meinung kurz, präzise und ohne Vorbehalte: »Das da? Unter aller Kritik!«

»Das ist doch wohl nicht Ihr Ernst?« reagierte die Verkäuferin leicht pikiert. Sie versuchte, gegenüber dem Kleid und dem Modesalon loyal zu sein. »Das macht doch sehr schlank und wirkt festlich ... besonders durch die kleinen Falten, die von der Schulter ausgehen und das ganze Vorderteil durchziehen. Ein wirklich raffiniertes kleines Modell, und zu dem Preis! Wir führen es auch in Mattweiß und Rosé. Aber wenn ich meine Meinung sagen darf, gerade das Dunkelblau paßt entzückend zu ihrem exotischen Typ.«

Aber ich blieb bei meiner Aussage: »Das Kleid ist das Hinterletzte. Wie wär's, wenn du ein anderes anprobierst?«

»Das Kleid ist hochmodern, damit du's weißt. Ich habe ein ganz ähnliches Balmain-Modell gesehen – aber natürlich zu einem ganz anderen Preis.«

»Teurer oder billiger?«

»Viel teurer natürlich.«

Die Verkäuferin mischte sich ein: »Das ist ein Schweizer Modellkleid aus einem der führenden Häuser Zürichs. Übrigens das einzige Exemplar in dieser Farbe und Größe.«

»Selbst bei rapidem Preissturz wird es eine Ewigkeit dauern, bis Sie das Kleid loswerden ... und jedenfalls nicht an meine Frau, solange ich hier zu sagen habe.«

Ich zog mich mißgestimmt zurück, damit Marianne Ruhe und Platz finden konnte, um in ein anderes Kleid zu kriechen. Fünf Minuten später glitt der Vorhang zur Seite, und die Verkäuferin rief mich zum zweiten Mal. Marianne trug immer noch das dunkelblaue Schreckensgespenst mit den schreienden Blumenmustern!

»Ich glaube doch, ich nehme dieses Kleid«, verkündete sie.

»Verzeihung, aber meines Erachtens hat das Exemplar nicht an Schönheit gewonnen, seit ich das letzte Mal das zweifelhafte Vergnügen hatte, es zu betrachten«, stellte ich mürrisch fest und ließ sie sich ein wenig vor mir drehen und wenden. »Unter aller Kanone!« wiederholte ich und schauderte vor Unbehagen.

»Ein schickes, modisches kleines Luxuskleidchen in perfekter Verarbeitung«, versuchte es die Verkäuferin, »merken Sie mal selbst, mein Herr, wie fein sich der Stoff anfühlt. Das Kleid schmiegt sich weich an den Körper, ist leicht und elegant und steht Ihrer Gattin ausgezeichnet. Wenn Ihnen der Stoffgürtel mit der goldenen Metallschnalle nicht zusagt, können Sie ihn mit einer Rollkordel auswechseln, aber das würde dem Kleid etwas von seinem exotischen Reiz nehmen.«

Ihr ganzes Verkäufergeschwätz prallte an mir ab. Ich vertrat hier einen Standpunkt, und dann gehörte mehr dazu als so eine Rouladenkordel, oder wie sie es nannte, um mich davon abzubringen. »Probier doch ein anderes«, schlug ich Marianne vor, »es gibt doch genug hier. Wer sagt denn, daß du das erste beste nehmen mußt ... vielmehr das erste schlechteste.«

Die Verkäuferin schob mich mit einem kühlen, nicht allzu liebenswürdigen Lächeln aus der Kabine.

»Würden Sie bitte einen Augenblick draußen warten, mein Herr, während wir ...«

Energisch riß sie den Vorhang zu, um die Ankleidekabine hermetisch abzuriegeln und Frieden vor mir zu kriegen.

Es vergingen zwei – fünf – zehn Minuten. Dann riß mir der Geduldsfaden. Ich schlug den Vorhang zur Seite und betrat die Kabine. Hatte doch Marianne immer noch diesen gräßlichen blauen Lappen an!

»Ich habe mich fest zu diesem Kleid entschlossen«, sagte sie hastig, »und es ist mir egal, was du dazu sagst. Ich finde es hübsch und schick, und schließlich soll ich ja damit rumlaufen.«

»He, he ... und ich soll draufgucken!«

Die Verkäuferin steckte mir etwas in die Hand. »Die

Rechnung, mein Herr!« erklärte sie mit einem triumphierenden Lächeln, bitte zahlen Sie da drüben an der Kasse!«

»Niemals«, wies ich sie energisch ab, »das Kleid kaufen wir nicht!«

Marianne hängte sich hysterisch an meinen Arm. »Doch, wir kaufen es«, jammerte sie, während die Tränen über ihre Wangen zu rinnen begannen, »wir müssen es kaufen ... ich komme nicht mehr heraus!«

Ich weiß nicht, was meinen Mann in erster Linie lockt, wenn wir eine Reise in den sonnigen Süden planen – die Palmen, die lauen Abende oder die eiskalten Drinks. Jedenfalls ist er stets Feuer und Flamme, wenn wir die Reisebroschüren durchblättern. Aber obwohl man sich vielleicht ein bißchen Extra-Luxus leisten könnte, sollte man meines Erachtens preisbewußt denken und auch andere Möglichkeiten erwägen, bevor man sich endgültig entschließt …

Ferien – Reisen – Pläne – zu zweit

Natürlich sollte man eine Urlaubsreise
immer zu zweit machen. Mein Mann und ich haben
allmählich das Alter erreicht, wo wir
14 Tage oder 3 Wochen lang
den Kindern und Enkelkindern, den häuslichen
und den beruflichen Pflichten den Rücken
kehren können, ohne daß
die Welt darüber zusammenstürzt. Man hat
doch immer ein wenig Kleingeld
in Reserve, vielleicht heimlich vom Haushaltsgeld
beiseite gelegt, oder mein Mann hat ein
paar Extra-Artikel geschrieben,
und dann darf man sich von dem Geld wohl
mal ein paar schöne Tage zusammen leisten.
Besonders wir Frauen brauchen
ab und zu ein bißchen Luxus, wir wollen uns auch
mal verwöhnen lassen. Aber obwohl
man keine finanziellen Probleme hat, sollte man
es sich dreimal überlegen, bevor man sich
zu einer Urlaubsreise entschließt.
Mein Mann ist für jede Reise in den sonnigen
Süden schnell zu haben, ganz impulsiv –
ich dagegen passe auf,
daß wir alle Möglichkeiten genau untersuchen,
um unser Erspartes möglichst vernünftig
anzuwenden – und nicht etwa
einfach ein Reisebüro anrufen und spontan
irgendeine Reise bestellen …

So einen trostlosen Winter wie den letzten hatten wir lange nicht erlebt. Wir beide sehnten uns so richtig danach, Palmen zu sehen und heißen Sand zwischen den Zehen rieseln zu lassen. Ich brachte also einen Stapel Reisebroschüren mit nach Hause. Wir hatten an 14 Tage auf den Kanarischen Inseln gedacht, an einen Traumurlaub in einem Luxushotel in Las Palmas direkt am weißen Sandstrand von Las Canteras. Es gab reichliche Auswahl unter den besseren Hotels. Ich war eigentlich begeistert von dem neuen El Panorama, aber dann begann Marianne, die Preise zu vergleichen.

»Eigentlich hirnverbrannt, jede Woche ein paar Hunderter rauszuwerfen, nur um direkt am Strand zu wohnen. Die Hotels in Las Canteras setzen nämlich allein wegen der Aussicht die Preise rapide hoch. Etwas weiter zur Stadt hin können wir ein ausgezeichnetes Hotel einen Hunderter billiger kriegen. Überleg mal, was wir für das gesparte Geld kaufen können!«

Ihre Ansichten waren eigentlich ganz vernünftig. Ich kramte also die billigeren Reisebroschüren raus.

»Wie wär's mit 14 Tagen in den Apartamentos Magníficos«, schlug ich vor, »zum Strand sind es zwar 7 km, aber dafür sparen wir ...«

»Mir fällt gerade was ein«, unterbrach mich Marianne, »auf Mallorca blühen jetzt die Mandelbäume, und das Klima dort ist ebenso herrlich wie auf den Kanarischen Inseln. Mein gesunder Menschenverstand sagt mir, daß man, anstatt das Geld in hohem Bogen aus dem Fenster zu werfen, ebensogut nach Mallorca reisen könnte.«

»Tja, vielleicht ... warum eigentlich nicht.«

»Stell dir vor, was wir allein am Flugticket sparen. Das Geld können wir gut für was anderes gebrauchen.«

»Du hast recht, mein Kind.«

Ein gesunder Wirtschaftsplan konnte nicht schaden, also begann ich, in den Mallorca-Prospekten zu blättern.

»Wo wir nun ein paar Hunderter sparen, wenn wir nicht auf die Kanarischen Inseln reisen, dann könnten wir uns ja ein 1-A-Hotel in Palma leisten. Wie wär's mit diesem

Prachtschinken hier? Sieh mal das Bild an! Phantastisch. Im mondänen San Agustín gelegen, nur eine Minute zum berühmten Badestrand Cala Mayor, alle Zimmer mit ...«

Marianne unterbrach mich: »Natürlich können wir uns Extra-Luxus erlauben, aber denk mal an Heinz und Elisabeth, als sie da unten waren, da haben sie in einer kleinen Pension am Rande von Palma gewohnt, und du weißt, wie zufrieden sie waren, mit den Zimmern, dem Essen, dem Wein, den abendlichen Tanzfesten und allem Drum und Dran. Warum nicht auch so eine Pension für uns? Die Sonne scheint überall auf Mallorca, und überleg mal, was wir sparen.«

Wieder mußte ich ihr recht geben. Eigentlich nicht so schlecht, so eine Frau zu haben, die es verstand – im Gegensatz zu den meisten anderen Frauen –, mit den zur Verfügung stehenden Mitteln ein bißchen zu wirtschaften, die nicht einfach mit Hundertern um sich warf, ohne daran zu denken, wer sich im Grunde dafür abschinden mußte, um diese Hunderter überhaupt zu haben.

»Wie wär's mit der Hotelpension San Pedro? Die Zimmer haben zwar kein eigenes Bad oder WC oder ...«

Ich schwieg. Marianne schien gar nicht hinzuhören.

»Nee, ich denk' bloß an Conny und Klaus, als die auf Mallorca waren. Weißt du noch, wie die es bereuten, daß sie überhaupt hingefahren waren? Mieses Essen, schlechter Wein, elende Bedienung, schwindelerregende Preise, überall fiel man über deutsche Touristen, die Zimmer waren nachts eiskalt, der Badestrand steinig und ...«

»Soll das heißen, daß du ...«

»Ja, wenn ich ganz ehrlich sein soll, mir ist Mallorca schnuppe. Im Grunde könnten wir uns viel besser in einem Urlaub in gemäßigteren Zonen erholen ... zum Beispiel im Harz oder an der Nordsee.«

»Harz«, wiederholte ich und kramte erneut in meinem Stapel Reisebroschüren, »gab es da nicht ganz günstige Pauschalreisen nach Goslar?«

»Genau. Harry und Lene haben letztes Jahr so eine Reise

gemacht. Sie waren ganz begeistert und fanden den Harz das ideale Ferienziel. Und was wir sparen würden!«

»Ja, du hast wieder mal recht. Was gespart ist, ist verdient. Und wenn wir eine Busreise machen anstatt einer Tour mit dem TEE, dann könnten wir uns sogar ein 1.-Klasse-Hotel leisten, zum Beispiel das ›Excelsior‹«.

»Na ja«, unterbrach mich Marianne, »wir müssen ja nicht gleich so hoch hinaus. Wenn wir plötzlich ein bißchen Geld übrig haben, brauchen wir es ja nicht einem Luxushotel in den Rachen zu werfen. Auch im Harz gibt es gute, kleine Familienhotels zu vernünftigen Preisen.«

»Selbstverständlich«, gab ich zu und blätterte in den Prospekten vom Harz, um etwas Kleines, Vernünftiges zu finden. Marianne bekam plötzlich so einen geistesabwesenden Gesichtsausdruck.

»Woran denkst du jetzt?« wollte ich wissen.

»Na ja, vielleicht hältst du mich für völlig verrückt«, begann sie, »aber wenn ich mir überlege, wie schön wir es hier zu Hause haben könnten, mal richtig den Garten genießen ... völlig abschalten ... du mit einem kleinen Whisky auf der Hollywood-Schaukel und ich mit meinem Strickzeug ... eigentlich blöd, statt dessen in einem kleinen, pingeligen Familienhotel im Harz rumzuhocken. Wollen wir nicht dieses Jahr einfach zu Hause bleiben? Was würden wir dann sparen?«

Wir begannen mit 14 Tagen auf den Kanarischen Inseln, Hotel El Panorama, macht zweitausend pro Person, mit Vollpension und allem Drum und Dran, also sparen wir viertausend. Dazu käme sicher ein Tausender für diverse Tanzabende, Ausflüge, Halb- und Ganztagstouren. Ausgehen in Nachtclubs und so. Summa summarum, wir sparen fünftausend, wenn wir zu Hause bleiben.

Ich dachte insgeheim an all die Dinge, die man für das Geld kaufen könnte. Schon lange wünschte ich mir einen Außenbordmotor für unser Boot, einen neuen Billardtisch für das Herrenzimmer, eine Schmalfilmkamera mit Zoom und den neuesten Finessen, einen riesigen Schreibtisch aus

Palisander, so einen mit eingebauter Bar. Ein Videorecorder fürs Farbfernsehen stand ebenfalls auf meiner Wunschliste.

»Abgemacht«, entschied ich den Fall, »wir bleiben dieses Jahr zu Hause – und sparen fünftausend.«

»Ja, einverstanden«, kam es schnell und begeistert von Marianne, »wir bleiben hier. Und für fünftausend kann ich genau den Persianer bekommen, den ich gestern im Schaufenster gesehen habe!«

In einer Zeit, wo die körperliche Kondition eine ebenso wichtige Rolle spielt wie das eigene Bankkonto, regt es ungeheuer an, diese Strapazen gemeinsam zu erleiden. Aber selbstverständlich ist ein Trimm-Dich-Programm nicht stärker als das schwächste Glied in der Kette, und das schwächste Glied in unserem Trimm-Dich-Programm ist zweifellos mein Mann ...

Trimm-Dich-Training – zu zweit

Die Kunst der Zweisamkeit muß sich ja in unendlich vielen Bereichen bewähren. Zum Beispiel in so einem prosaischen Aktionsfeld wie Konditions-Training. Natürlich kann man allein im Stadtpark seine Runden drehen oder morgens auf seinem Bettvorleger herumtrampeln, um seinen Blutkreislauf in Schwung zu bringen, aber ich denke hier mehr an gemeinsame Marathon-Radtouren oder echt ergonomisch programmierte Trimm-Dich-Kurse im Hause, wo man sich gegenseitig zum Äußersten anspornt und das Letzte aus sich herausholt. Mein Mann betreibt zwar Gewichtheben – nämlich jedesmal, wenn er sich von einem Stuhl erhebt –, aber darüber hinaus …

Können Sie sich noch an die Hula-Hoop-Ringe erinnern? Oder haben Sie glücklicherweise diese Hula-Manie vergessen, die damals die zivilisierte Welt wie eine Epidemie verseuchte? Jedenfalls scheinen diese Ringe wieder auf den Markt zu kommen, diesmal unter dem Namen Trimm-Dich-Reifen, als ob das die Sache verschönern könnte. Neulich kam Marianne mit so einem Reifen nach Hause, den sie für viel Geld im Supermarkt erstanden hatte. Es war ein großer, runder gelber Plastikring, innen hohl und mit Längsrillen, etwa in der Größe eines Fahrradschlauches – können Sie sich das Ding also vorstellen? Ich ergriff den Reifen und wollte ihn in den Keller tragen, aber Marianne bremste mich.

»Wieso, ist das nicht ein Plastikschlauch für den Wasserhahn im Waschkeller?« fragte ich.

»Nein, das ist ein Trimm-Dich-Reifen. Ein Geschenk von mir für dich.«

Ich besah mir das Dings näher.

»Für mich? Wieso?«

»Das macht schlank.«

»Was macht schlank?«

»Jeden Morgen eine Viertelstunde Training mit so einem Reifen. Der Physiotherapeut von der Morgengymnastik im Radio hat selbst gesagt, so ein Reifen ist echt Spitze. Du steckst ihn über den Kopf, hältst ihn in Hüfthöhe, und dann rollst du mit deinem Körper, daß der Reifen immer um dich rumfliegt. Die Pfunde schwinden zusehends. Ehe du dich versiehst, ist dein Bauch weg.«

»Also hör mal, irgendwo müssen die Gedärme doch bleiben.«

»All das überflüssige Fett verschwindet. Versuch's mal!«

Ich warf ihr einen entrüsteten Blick zu, der mehr als Worte sagte. Und so was mußte man sich bieten lassen! Ich, ein Mann im besten Alter, der die 50 überschritten hat! Soll man da mitten im Zimmer vor den Augen seiner eigenen Frau einen Bauchtanz mit so einem albernen Reifen vorführen. Und sich vollständig lächerlich machen. Niemals!

»Übertreiben wir das nicht allmählich in unserem Land mit all diesem Trimm-Zauber? Mein Gott, laß doch die Leute wiegen, was sie wiegen, und laß sie so lange oder kurz leben, wie es sich nun ergibt. Meine Leber, Milz und Gedärme sollen jedenfalls nicht von so einem Instrument durcheinandergewurschtelt werden.«

»Dann laß mich mal probieren!«

Sie hob den Ring über den Kopf, ließ ihn bis über die Hüften runter, rollte mit ihrem ganzen Körper und ließ den Reifen herumsausen, ohne daß er zu Boden fiel. Ein irrer, geradezu grotesker Anblick. Mitten auf dem Wohnzimmerteppich, ohne Hawaii-Rhythmen, ohne rauschende Palmenkronen oder brausende Meeresbrandung, stand sie da und tanzte Hula-Hula von der billigsten Sorte. Eigentlich sollte sie Eintrittspreise dafür verlangen. Das wäre ein Erfolgsstück für Leute, die sich mal ein primitives Vergnügen machen wollen.

»Hör auf«, stöhnte ich, »verschone mich damit!«

Sie machte weiter, immer wilder. Der Reifen sauste an einem Aschenbecher vorbei, dessen Inhalt wild auseinanderstob.

»Du hast geübt«, stellte ich fest, »lange schon heimlich trainiert. Ich durchschaue jetzt alles klar und deutlich. Du hast den Reifen für dich selbst gekauft, du kleines, falsches Frauenzimmer! Ich höre dich richtig im Supermarkt, wie du dich an die Vorführdame gewandt und gesagt hast: »Geben Sie mir bitte einen für meinen Mann mit!«

So hatte es sich bestimmt abgespielt, und langsam kochte der Zorn in mir.

»Das ist ja ein starkes Stück«, entrüstete ich mich, »du selbst bist ganz wild nach so einem Reifen und hoffst, die Fettpolster von deinen Hüften loszuwerden, aber du hast nicht den Mut, das zuzugeben, und was tust du? Du drehst es so, als sollte ich den Reifen haben. Fein hingedreht! Aber eins will ich dir sagen: mich kriegst du kein einziges Gramm dünner damit, todsicher!«

Nur um meine feste Haltung zu demonstrieren, verspeiste

ich zu Mittag ein paar Extra-Frikadellen. Ich war so erbost, daß ich beschloß, mich so fett zu essen, daß der Ring überhaupt nicht über meinen Bauch rutschen konnte.

Als ich am nächsten Morgen die Augen aufschlug, bewegte sich vor meinem Bett ein Hula-Mädchen mit schwarzem, offenem Haar und ... nein, das Baströckchen fehlte. Aber sonst war alles echt. Der gelbe gerillte Plastikring flog immer um sie rum, so daß mir vom Zugucken ganz schwindelig wurde. Sie hielt zwanzig Minuten durch. Dann schleppte sie sich keuchend auf die Waage.

»Phantastisch«, jubelte sie, »ich habe in weniger als 20 Minuten fast 100 g verloren. Jeden Morgen zwanzig Minuten – das macht 3 kg im Monat.«

»Und 36 kg im Jahr«, ergänzte ich, »und in 10 Jahren ist kein Milligramm mehr von dir übrig. Mach nur weiter so, mein Schatz!«

Tief beleidigt verschwand sie im Badezimmer. Ich stand eine Weile vor dem Reifen und guckte ihn mir an. Dann hob ich ihn verstohlen hoch, führte ihn über den Kopf bis in Hüfthöhe, ließ los – und gab meinem Körper einen Ruck. Zu spät! Der Ring lag längst auf dem Boden. Alles Schwindel! Unglaublich, mit welchen Tricks man den Leuten das Geld aus der Tasche zieht, man erzählt ihnen einfach, das macht schlank. Nicht zu fassen!

Als ich nun gestern den Boden im Waschkeller spülen wollte und sah, daß der alte Gummischlauch mit seinem brüchigen Material das Zeitliche gesegnet hatte, suchte ich Marianne, mit dem festen Vorsatz, den Trimmring durchzuschneiden und ihn in Zukunft als Wasserschlauch zu mißbrauchen. Der Ring war eindeutig für mich gekauft, er war mein Eigentum, ich konnte damit machen, was ich wollte.

»Wo hast du den Anti-Fettpolster-Reifen?« erkundigte ich mich.

»Ich gebrauche ihn nicht mehr«, gestand sie, »man kriegt zuviel Appetit, wenn man jeden Morgen vorm Frühstück darin rumhopst. Ich habe sogar ein bißchen zugenommen, seit ich den Ring habe. Also nur ein Pfund, aber immerhin.«

Nee, man mag noch so viele raffinierte Trimm-Tricks und Schlankheitsapparate erfinden – die einzig wirksame Schlankheitskur, die ich kenne, besteht darin, daß man ein Pflaster auf den Mund klebt und so lange sitzen läßt, bis man die lächerlichen 20 kg, die man zuviel wiegt, verloren hat.

Wenn die Frühjahrslüfte sich regen, schicke ich meinen Mann raus zur Gartenarbeit – Frondienst, wie er das selbst nennt. Aber nie kann er seine Gartengeräte finden, ewig hat der Nachbar oder der Nachbar des Nachbarn sie geliehen, und dann zieht er los, um die Geräte zurückzuholen. Aber bei diesen eigentümlichen Exkursionen versteht er es, völlig zu verschwinden, und ich falle immer wieder darauf herein und laufe hinter ihm her, um ihn zu suchen …

Gartenarbeit im Frühling – zu zweit

Wir zählen zu der bevorzugten Sorte
von Leuten, die ein Häuschen mit Garten haben,
das heißt, ein eigenes Haus,
das angestrichen werden muß, einen eigenen
Garten, der umgegraben
werden muß, einen eigenen Rasen, der gemäht
werden muß, einen eigenen Schuppen,
der geteert werden muß – ja, und dann ist man zu
zweit glücklich dran. Ich mache mir zwar gern
im Garten zu schaffen, aber fürs Grobe
ist es praktisch, einen Mann
im Haus zu haben. Das Problem ist nur,
ihn auf Trab zu bringen, ihn anzustacheln, damit
er zupackt, wo Haus und Garten es fordern.
Wenn ich meinen Mann zum
Frondienst in den Garten schicke,
gelingt es ihm merkwürdigerweise, sich unsichtbar
zu machen, schwupp – plötzlich ist er weg –
und dann steht man da allein vor den Blumenbeeten,
die umzugraben sind, vorm Rasen, der zu
mähen ist, und vorm Schuppen,
der zu teeren ist. Das einzige, was einem fehlt,
ist der Mann, der das alles machen soll. Ich habe ja
sonst nichts gegen ihn, aber ab und zu hätte
ich Lust, ihn anzuketten und mit der
Peitsche anzutreiben. Nur wage ich nicht diese Art,
denn die Nachbarn würden sofort
die Polizei alarmieren, daher begnüge
ich mich vorläufig damit, ihn trickreich aus seinem
Versteck zu locken …

Wenn die Frühjahrslüfte sich regen, treibt es den Mann unweigerlich hinaus. Wenn unsere Frauen eines Sonntagsmorgens die Nase rausstecken und Lenzdüfte schnuppern, dann können sie uns Männer unter Garantie rauslocken, und dann geht's ran an die Frühlingsarbeit in unseren kleinen Villengärten. Sanft wecken wir die Erde aus ihrem Winterschlaf, fummeln an den Beeten herum, hegen und pflegen die zarten Sprosse, polieren hier und da, damit sich der eigene Garten neben den Nachbargärten sehen lassen kann. Das alles natürlich unter der Voraussetzung, daß man die nötigen Gartengeräte findet.

Letzten Sonntag beispielsweise konnte ich meine Hekkenschere nicht finden. Mir fiel ein, daß ich sie im Herbst unserem Nachbarn Hansen geliehen hatte. Als ich mich eben auf den Weg machen wollte, um die Schere zurückzuholen, erblickte ich hinten im Schuppen seinen Schneebesen. Den konnte er gleich wiederkriegen. Ich nahm den Schneebesen, ging rüber und klingelte. Er selbst machte auf. Er war noch bei seiner Morgenrasur und hatte noch nichts vom Frühling gemerkt.

»Vielen Dank für den Schneebesen«, begrüßte ich ihn, »und wie geht's meiner Heckenschere? Brauchen Sie sie noch? Oder wollen Sie sich damit rasieren?«

»Heckenschere?« fragte er, »was für eine Heckenschere?«

»Die Sie letzten Herbst von mir geliehen haben.«

Wir gingen in den Keller, um danach zu suchen. Sie war nicht zu finden. Dafür tauchten eine Blumenspritze und eine Jätkralle in all dem Durcheinander auf.

»Die Sachen gehören Lingnau«, stellte Hansen fest und trocknete sich den Rasierschaum mit seinem Handtuch ab, »ich muß den Kram schnellstens wieder abliefern, sonst rennt er gleich zu Elvira und beschwert sich, daß ich alles behalte.«

Wir spazierten durch unsere kleine Straße zum anderen Ende und begrüßten Herrn Lingnau. Er saß draußen auf der Terrasse und ließ sich von der Frühlingssonne bescheinen.

»Hallo, der Lenz ist da«, rief er uns zu und nahm einen kräftigen Schluck von seinem Frühstückspilsner.

»Hier haben Sie Ihren Kram wieder, vielen Dank auch«, sagte Hansen, »dafür können Sie mir vielleicht Ihre Kartoffelhacke leihen? Wenn ich meine Frau recht kenne, ordnet sie mir heute Gartenarbeit an.«

»Eine Kartoffelhacke?« wiederholte Lingnau und öffnete die Tür zu seinem Geräteschuppen. Da herrschte ein heilloses Durcheinander. Eine Kartoffelhacke ließ sich nicht blicken. Ein Paar Skier, die hinter einem Liegestuhl auf der Spitze gestanden hatten, fielen Hansen über den Kopf.

»Wollen Sie nicht die Skier leihen statt dessen?« lachte Lingnau, »ach nee, geht übrigens nicht, die gehören Herrn Martens. Ich habe sie letzten Winter für die Schweiz geliehen. Wie peinlich, vielleicht braucht er sie gerade, und ich lasse sie einfach hier vergammeln.«

Wir begaben uns alle drei mit den Skiern zu Herrn Martens. »Vielen Dank für die Skier«, sagte Lingnau, »wie wär's, können Sie für ein paar Stunden Ihren Rechen entbehren? Ich hab' unserer Mutti versprochen, die vermoderten Blätter zusammenzuharken.«

»Einen Rechen?« murmelte Martens, »ja, verflixt, wo ist der eigentlich abgeblieben? Den ganzen Winter hing er an seinem Platz. Vielleicht hat ihn der Ingenieur aus Nummer 7 geliehen und noch nicht zurückgebracht! Die lahme Ente.«

»Wir gehen rüber und fragen ihn«, schlug Hansen vor, »er hat übrigens auch meinen Gartenschlauch geliehen. Und meine Schiebkarre. Der liefert wohl nie die Sachen wieder ab, und leihen will er dauernd was.«

Wir spazierten alle vier hin zu Nummer 7.

Seine Frau begrüßte uns: »Mein Mann ist eben rüber zu Herrn Heinze, um unsere Unkrauthacke und die kleine Zange zurückzuholen. Wir haben Frau Thomas versprochen, ihr ein paar Gartengeräte zu leihen. Sie wohnt ja noch nicht so lange hier, und ihr fehlen noch viele Geräte.«

Wir machten uns auf den Weg zu Heinze. Er stand in seinem Geräteschuppen und wühlte mit dem Ingenieur von Nummer 7 fieberhaft in all seinem Gerümpel. Hansen wandte sich an den Ingenieur: »Ich hätte gern meinen Rechen zurück, Sie haben ihn letzten Herbst geliehen.«

»Rechen?« fragte der Ingenieur, »was für ein Rechen?«

»Den Sie zusammen mit meiner Rosenschere geborgt haben.«

»Rosenschere?« wunderte er sich, »ich würde nie eine Rosenschere im Herbst borgen. Da gibt es doch sowieso keine Rosen.«

Ich zeigte in eine Ecke von Heinzes Geräteschuppen: »Was haben Sie denn da stehen?«

»Ach das«, erklärte Heinze, »das sind – oder waren – nur ein paar Billardqueues. Meine Frau hat sie letztes Jahr gebraucht, um ihre Tomatenpflanzen daran hochzuziehen, seitdem sind sie kaum noch als Billardqueues zu erkennen.«

»Soll das heißen, daß Sie Ihr Billard nicht mehr gebrauchen können?«

»Doch, natürlich. Ich habe eine Menge neue Queues. Wir können ja eben ein kleines Spiel machen, kommen Sie. Wie wär's mit einer Karambolagepartie?«

Wir drängten uns alle Mann in den Billardkeller. Die Queues waren in Ordnung. Hansen gewann die erste Partie und Heinze die nächste, aber das Billard gehörte ja auch ihm, und wahrscheinlich hatte er den ganzen Winter heimlich trainiert. Wir spielten um eine Runde Bier, damit es spannender wurde und wir nicht Gefahr liefen, plötzlich zu verdursten. Ich war gerade dran, rieb die Queuekuppe und wollte anlegen, als Marianne in der Tür erschien.

»Los ran, Mensch!« rief Hansen mir begeistert zu, »sonst ...«

Hansen stockte. Seine Frau war hinter Marianne aufgetaucht. Die Frau des Ingenieurs, Frau Lingnau und Frau Martens erschienen ebenfalls auf der Bildfläche.

»Was um alles in der Welt machst du denn hier?« fragte

Marianne verständnislos, »der Frühling ist da, und dann stehst du hier und ... was soll das eigentlich heißen?«

»Ja, verstehst du, mein Schatz«, murmelte ich und verschanzte mich unauffällig hinter Heinzes breitem Rücken, »es fing damit an, daß mir meine Heckenschere fehlte, und dann fiel mir ein, daß ich sie letztes Jahr Herrn Hansen geliehen hatte, und dann ...«

Wir sechs Männer brauchten fast eine Stunde, um über den ungefähren Verlauf dieses Sonntagvormittags Rechenschaft abzulegen. Als ich wieder in meinem eigenen Garten gelandet war und mit der Gartenarbeit beginnen wollte, um den frischen, erdigen Duft des Frühjahrsbodens einzuatmen, fiel mir auf, daß ich meine Heckenschere immer noch nicht hatte. Dafür hielt ich irgendwelchen anderen Kram in den Händen. Und zwar Hansens Schneebesen. Ich wagte nicht, ihn ihm jetzt abzuliefern. Aber wenn Sie je diese Zeilen lesen sollten, lieber Herr Hansen, und wenn Sie den Schneebesen im Laufe des Sommers brauchen sollten, dann wissen Sie, wo er sich befindet. Und haben Sie keine Lust, selbst den Besen zu holen, dann klingeln Sie eben Sonntagvormittag durch, dann bringe ich ihn persönlich – im Null Komma nix.

Man liest und hört ständig, daß man sich um seinen Nächsten kümmern soll, daher ist es wohl eine Selbstverständlichkeit, daß man seinen Nachbarn zu einem Topf gelber Erbsen einlädt, wenn er mal Strohwitwer ist. Aber andererseits ... auf längere Sicht kann ich es deutlich am Hausstandsgeld merken, wenn man jeden Mittwoch einen Extra-Esser zu Tisch hat. Daher reagierte mein Mann durchaus positiv, als ich ihm gegenüber neulich andeutete, daß wir uns vielleicht nicht ganz so viel um unseren Nachbarn zu kümmern brauchten, Nächstenliebe in Ehren ...

Das Haus der offenen Tür – zu zweit

Seid nett zueinander! Das gilt nicht nur für Mann und Frau und Kinder. Auch anderen Menschen sollen wir uns zuwenden, der ganzen Welt, denen, die hungern, und denen, die so satt sind, daß sie sich nicht mehr vom Fleck rühren können. Wir sollen ihnen alle Türen öffnen, anstatt uns hinter unseren eigenen Mauern zu verbergen. Ja, ich lese doch Zeitung, höre Nachrichten und sehe Tagesschau, ich weiß, wo und was die heutigen Probleme sind. In den letzten Jahren hat man so viel über den verkümmerten menschlichen Kontakt gehört, und ich habe begriffen, daß auch unser Nachbar uns etwas angeht – also auch Herr Martens von nebenan. Wenn seine Frau bei ihren Eltern auf dem Lande ist und er mutterseelenallein herumwurschtelt, mit dem Essen, den Blumen, dem Staubsauger und allem Abwasch, dann sollen wir uns um ihn kümmern. Und mein Mann und ich scheuen keine Mühe, ihn zu einem warmen Topf gelbe Erbsen einzuladen. Das möchte ich hier betonen, daß es uns an Nächstenliebe nicht gefehlt hat …

Unser Nachbar Martens ist jeden Sommer einen oder anderthalb Monate Strohwitwer. Er schickt Frau und Kinder aufs Land zu den Schwiegereltern, und dann muß er allein zu Hause zurechtkommen. Er macht sich selbst das Frühstück, haut sich mittags irgendwas in die Pfanne und schmiert sich abends seine Stullen. Wenn ich recht verstehe, lebt er den ganzen Sommer von Joghurt, Spiegelei und Dosengemüse. Daß er das mag! Aber andererseits – was tut man nicht alles, um eine Dame wie Frau Martens für einen Monat loszuwerden. Als ich eines Tages von einer geschäftlichen Besprechung nach Hause kam, sah ich ihn an der Ligusterhecke stehen und so komisch mit der Nase schnuppern.

»Hm«, meinte er mit einem verklärten Gesichtsausdruck, »bei Ihnen gibt's heute gelbe Erbsen, nicht wahr?«

»Ja«, nickte ich, »das bekommen wir jetzt jeden Mittwoch und Donnerstag. Meine Frau will in der Gefriertruhe aufräumen, bevor wir ins Sommerhaus fahren.«

»Das klingt prima«, fuhr er fort, »gelbe Erbsen sind mein Leibgericht.«

»Ja, auch meins.«

»Essen Sie die mit durchwachsenem Speck oder mit Bratwurst?«

»Mit beidem. Wenn meine Frau gelbe Erbsen kocht, dann bleibt nichts zu wünschen übrig, das kann ich Ihnen flüstern.«

Martens warf mir einen langen Blick nach, als ich im Haus verschwand. »Ja, so gut müßte man's mal haben«, rief er mir nach.

Ich steckte den Kopf zur Küche rein, um Marianne den traditionellen flüchtigen Kuß auf die Wange zu geben. Dabei hob ich den Deckel und schnupperte an den gelben Erbsen. Es geht ja nichts über den Duft von gelben Erbsen, da können mir alle Rosen und Fliederzweige gestohlen bleiben.

»Worüber hast du mit Martens gesprochen?« wollte sie wissen.

»Über gelbe Erbsen, sein Leibgericht.«

Offenbar bekam sie Mitleid mit ihm. »Man soll nett zueinander sein«, sagte sie, »laß ihn doch rüberkommen und eine Portion mit uns essen. Der arme Kerl, er kriegt sicher nichts anderes als Dosen.«

Also erschien Martens und aß mit uns. Er hielt sich tüchtig ran, an Erbsen und den Speck und die Bratwurst und alles andere.

»Reichen Sie mir doch mal die Tube Senf«, klang es aus seinem Mund voller Erbsen. »Das ist ja ein Hochgenuß, Frau Breinholst, ich muß schon sagen, Sie verstehen sich auf die Kunst der gelben Erbsen. Es gibt sicher nicht viele Hausfrauen hier in der Gegend, die das so gut können. Die gelben Erbsen meiner Frau können da überhaupt nicht ranreichen.«

Marianne konnte ihren Stolz über die schmeichelhaften Worte nicht verbergen. »Nehmen Sie doch noch eine Portion«, forderte sie ihn lächelnd auf, »wir haben mehr draußen.«

»Ja, gerne ... wenn ich so frei sein darf. Gelbe Erbsen sind mein Leibgericht, ich kann mir nichts Schöneres vorstellen.«

»Dann kommen Sie doch morgen um die gleiche Zeit wieder. Am Donnerstag kriegen wir immer den Rest gelbe Erbsen vom vorigen Tag.«

»Ja, tausend Dank. Am zweiten Tag schmecken die gelben Erbsen noch mal so gut. Darf ich mir noch ein Stück Bratwurst genehmigen?«

Am nächsten Tag erschien Martens wiederum, zur zweiten Runde mit gelben Erbsen. Wieder langte er tüchtig zu, aber es mußte ja auch ein fragwürdiges Vergnügen sein, Tag für Tag von Joghurt, Spiegeleiern und Dosengemüse zu leben.

»Essen Sie oft gelbe Erbsen?« führte er die Konversation mit kauendem Mund weiter und balancierte ein weiteres großes Stück Speck auf seinen Teller.

»Jeden Mittwoch und Donnerstag. Das haben wir zur

Tradition gemacht, um die Tiefkühltruhe zu leeren, bevor wir reisen.«

»Ja, ja manche Leute verstehen's!«

»Dann gucken Sie doch nächsten Mittwoch wieder bei uns rein. Die paar gelben Erbsen werden wir schon verkraften.«

»Na gern, und vielen Dank. Bei gelben Erbsen kann ich nie nein sagen.«

Also erschien Martens am nächsten Mittwoch abermals. Ebenso am folgenden Donnerstag zum zweiten Erbsentopf. Marianne lud ihn für jeden Mittwoch und Donnerstag ein, bis wir Ende nächsten Monats aufs Land wollten. Er nahm dankend an, und ich kann Ihnen sagen, er nutzte es weidlich aus. So vergingen der ganze Juni und der halbe Juli. Dann hatte Marianne die Nase voll. Allmählich nahm Martens die Einladungen wie eine Selbstverständlichkeit hin. Er kam, setzte sich, verspeiste seine drei riesigen Portionen, wischte sich den Mund ab, erhob sich und verschwand.

»Auf die Dauer ist das doch zu merken mit einem Extra-Esser«, beklagte sich Marianne, »von allem muß man mehr auftischen, von Erbsen und Speck und Bratwurst und allem.«

Eine weitere Woche stellte sich Martens pünktlich zum Erbsentopf ein und haute sich voll. Dann reichte es Marianne endgültig.

»Ich habe eine Idee«, sagte sie, »am Mittwoch koche ich etwas, was er bestimmt nicht ausstehen kann, dann wird er wohl wegbleiben. Ich glaube, ich mache Klippfisch und Salzkartoffeln, nichts weiter.«

Ich erschauderte bei dem Gedanken daran. Ja, das würde den besten Freund verscheuchen! Brrr, Klippfisch! Wenn das nicht hilft, müssen wir uns einen anderen Trick ausdenken.

Wir warteten gespannt auf den folgenden Mittwoch. Als ich mittags aus der Stadt kam, stank die ganze Straße nach Klippfisch. Es roch, als hätte Marianne einen ganzen Kutter voll Klippfisch auf unser Grundstück ausgekippt. Pünktlich um 13 Uhr stellte sich wie gewöhnlich Martens ein. Er setzte sich an den Eßtisch, klemmte die Serviette unter den Kragen und starrte hungrig auf die Küchentür. Da erschien Marianne mit dem Klippfisch und Salzkartoffeln.

Martens glotzte verwundert auf die Schüssel. »Nanu, was ist denn jetzt los? Keine gelbe Erbsen heute?«

»Nein«, entgegnete Marianne triumphierend, »ab heute und bis zu unserer Abreise essen wir Klippfisch jeden Mittwoch und Fischfrikadellen vom Rest jeden Donnerstag.«

Mir drehte sich der Magen um, und ich konnte Marianne ansehen, daß auch sie mühsam schluckte. Wir beide konnten uns nichts Schlimmeres vorstellen.

»Klippfisch und Fischfrikadellen!« rief Martens mit strahlendem Gesicht, »phantastisch! Um ganz ehrlich zu sein, allmählich hingen mir nämlich die gelben Erbsen zum Halse raus. Das war fast zuviel des Guten. Ich hatte mir im stillen gedacht, wenn wir nicht bald was anderes kriegen, wäre ich nächste Woche nicht mehr gekommen!«

Ein gemütlicher Abend zu Hause wie in den guten alten Zeiten hat etwas für sich, jedenfalls in unserem trauten Heim. Wir geben uns nämlich ganz ungezwungen, auch in puncto Kleidung. Mein Mann schlurft glücklich und satt gemächlich in seinen ausgetragenen Puschen rum, seinem geflickten Rollkragenpulli oder seiner geliebten, museumsreifen Hausjacke. Über mein eigenes Aussehen möchte ich diskret hinweggehen, aber jedenfalls haben wir es ganz ruhig und urgemütlich ... bis die Leute Sturm klingeln, um Kontakt zu suchen ...

Häusliche Gemütlichkeit – zu zweit

*Auch ein gemütlicher Abend zu Hause
mit seinem Partner will gekonnt sein. Ebenso wie der
gesellschaftliche Umgang im Hause
das paarweise Zusammenleben
fördert, so erholsam und anregend wirkt die
häusliche Gemütlichkeit zu zweit. Und was gehört
eigentlich zu so einer ganz privaten
häuslichen Gemütlichkeit – außer einer Flasche
und zwei Gläsern? Bei uns zu Hause
verläuft so ein Abend ganz ruhig.
Ich bewege mich völlig ungezwungen, vielleicht
wasche ich meine Haare oder stricke einen Pullover
für den kleinen Jakob oder Handschuhe
für Klein Michael, vielleicht blättere ich in einer
Illustrierten, vielleicht klöne ich
mit meinem Mann, und wir nippen an
unserem Glas, oder wir gucken
Fernsehen. Wir machen es uns so richtig gemütlich.
Mein Mann latscht zufrieden in seinen
ausgetretenen Puschen und seinem verschossenen
Rollkragenpulli herum, schmaucht seine Pfeife
und genießt das Leben. Wir lieben
so einen gemütlichen Abend. Den Telefonstecker
ziehen wir raus. Konsequent und hartnäckig
verhindern wir jeglichen Kontakt von
der Außenwelt. Unsere
gemütliche Zweisamkeit an so einem Abend soll
uns keiner zerstören …*

Wir machten uns einen gemütlichen Abend im Hause zu zweit, Marianne und ich. Ich hatte mich in meiner Lieblingsstellung in die Sofaecke gepflanzt. Zur Förderung des Blutkreislaufes hatte ich meine Beine ungeniert auf den ovalen Empiretisch mit den Sèvres-Medaillons gelegt. Marianne hatte ihre Haare gewaschen. Nun saß sie in ihrem anspruchslosen, aber höchst praktischen blauen Vormittagskittel im Sessel und widmete sich den losen Knöpfen meiner Hemden, was schon monatelang fällig war.

Auf dem Tisch zeugten gebrauchte Teller und Tassen noch von unserer abendlichen Kaffeestunde mit selbstgebackenen Plätzchen, und die beiden Cognacgläser standen dekorativ neben der angebrochenen Grand-Marnier-Flasche.

Das Feuer im Kamin knisterte diskret – und die Katze schnurrte behaglich auf dem Perserteppich.

Plötzlich klingelte es an der Tür. Dingelingeling!

Ich blinzelte mit dem einen Auge, ich war wohl etwas eingenickt. Marianne warf schnell die Hemden zur Seite und guckte sich verzweifelt im Zimmer um, wo ein heilloses Durcheinander herrschte. Dingelingeling!

»Das sind sicher Camilla und Heinz«, meinte Marianne, »ich traf neulich Camilla und forderte sie auf, im Laufe der Woche doch mal reinzugucken. Aber wir können sie doch nicht hier in diese Räuberhöhle reinbitten!«

»Wir machen das Licht aus«, schlug ich geistreich vor.

»Hat doch keinen Sinn. Die haben längst das Licht von draußen gesehen. Aber ich habe eine andere Idee. Könnten wir nicht noch mal den Trick vom letzten Wochenende anwenden, als wir Tante Olga nicht reinlassen wollten?«

Ich war Feuer und Flamme, stürzte zur Garderobe und zog meinen neuen Mantel, den Seidenschal und den schwarzen Hut an. Kein Mensch konnte merken, daß Hemd und Schlips darunter fehlten. Geschwind half ich Marianne in ihren Pelz.

»Mein Hut« flüsterte sie, »wo ist mein Pelzhut?«

Hastig stopfte sie ihre Lockenwickler unter den Hut und

zupfte ein paar Locken auf Stirn und Wangen. Dann kletterte sie in ihre schwarzen Ausgehschuhe. Dingelingeling!

Zum dritten Mal klingelte es an der Tür. Ich schnappte mir meine Wildlederhandschuhe von der Kommode, und Marianne polierte ihre Fassade mit etwas Lippenstift auf.

»Ich bin soweit!« rief sie.

Ich ging zur Haustür und machte auf. Richtig, auf der Treppe standen Camilla und Heinz, unsere guten alten Bekannten.

»Entschuldigung, daß wir so spät noch reinschneien, aber deine Frau sagte, wenn wir mal einen Abend hier ...«

»Ach, wie schade, gerade heute abend!« rief ich bedauernd, »wir stehen fix und fertig und wollen aus ...«

»Ja, leider können wir euch nicht reinbitten«, half mir Marianne aus dem Hintergrund, »wie ärgerlich, der einzige Abend in der ganzen Woche, wo wir nicht zu Hause sind. Eigentlich hätten wir schon vor einer halben Stunde los sollen, aber ihr wißt ja, wie das ist ...«

Ich trat möglichst unbemerkt hinter Marianne, ich hatte Angst, daß sie meine alten Puschen bemerkten, die ich noch anhatte. Marianne hielt krampfhaft ihren Hut fest, unter dem die Lockenwickler herauszurutschen drohten.

»Wo wollt ihr denn hin?« Erkundigte sich Heinz.

»Ja, weißt du, äh ...«, ich stotterte etwas, dann fiel mir eine Anzeige ein, die ich gerade in der Zeitung gelesen hatte: »Ja, also wir kriegten plötzlich Lust, uns ein bißchen zu amüsieren. Wir haben für 9 Uhr einen Tisch im ›Bel Ami‹ bestellt.

»›Bel Ami‹! Das ist ja ’n Ding!« unterbrach mich Heinz und zog mich und Marianne raus auf die Treppe, während Camilla schnell die Haustür hinter uns zuschlug: »Ich lach’ mich kaputt!« rief er, »dann könnt ihr ja mit uns fahren! Wir sahen nämlich auch die Anzeige, und da schlug Camilla vor, euch zu fragen, ob ihr Lust habt mitzukommen ... und wir haben auch einen Tisch im ›Bel Ami‹ bestellt!«

Wenn wir ins Sommerhaus ziehen, mache ich die erste Nacht kein Auge zu, weil ich mich erst wieder an all die vielen fremden Geräusche gewöhnen muß. Man liest ja ständig von Überfällen, von Einbrechern, Gewalttätern und anderem Pack. Mein Mann dagegen schläft wie ein Stein, sobald er sich hingelegt hat ... wenn er sich nicht gerade in der Küche mit anderen lebenswichtigen Dingen beschäftigt ...

Keine Angst – zu zweit

Möglicherweise bringt es gewisse Nachteile mit sich, wenn man Frauen in den Polizeidienst einstellt, und vielleicht würde eine hochschwangere Polizeibeamtin auf Patrouille lächerlich aussehen, aber andererseits darf man die schnelle Reaktion der Frau auf Einbrecher und Diebe nicht unterschätzen. Jedenfalls möchte ich jenem erfahrenen Versicherungsagenten recht geben, der sich neulich in der Zeitung zu folgendem Problem äußerte: daß in einer Saison allein im norddeutschen Sommerhausgebiet mehr als hundert Einbrüche verübt worden waren. Wissen Sie, was er sagte? »Frauen eignen sich bestens zur Vorbeugung von Einbrüchen. Sie registrieren nächtliche verdächtige Geräusche weit schneller als Männer, die erstaunlich sicher all diese Warnzeichen überschlafen. Und wenn die Einbrecher das ganze Sommerhaus ausräumen und auf dem Wege nach draußen gar eine Kommode oder einen Kronleuchter fallen lassen – die Männer zucken kaum mit der Wimper und schnarchen seelenruhig weiter!« Ja, allerdings.

Unser Sommerhaus liegt in einem Waldstück, voller Tannenduft, gemütlich, vornehm abgeschieden, fern von allem Lärm, von Parkplätzen, Eisbuden und Minigolfbahnen. Nachts rauschen die hohen Fichten ganz unheimlich, und mystische Schatten und Geräusche umringen uns. Mysteriöse Geräusche – und hier kommen wir zu des Pudels Kern: Einbrüche in Sommerhäuser! Vom gesicherten Leben in der Großstadt, umgeben von Nachbarn, Polizeistationen, Alarmanlagen, Telefonen und allen Vorkehrungen, die einen nachts ruhig und sicher schlafen lassen, zieht man raus in die wilde, dunkle, mystische Natur – vielleicht nur für ein Wochenende, wo man sich kaum akklimatisieren kann und weit entfernt vom nächsten lebenden Wesen, vom Telefon, von jeglicher Hilfe ... falls in der Nacht etwas passieren sollte. Wenn wir ein Wochenende im Sommerhaus verbringen, schließt Marianne kein Auge aus Angst vor Gewalttätern und anderem Gesindel. Ich weiß mit unfehlbarer Sicherheit, daß sie mich erschreckt wachrüttelt, sobald ich eben eingeschlafen bin.

»Draußen rumort jemand an den Fensterhaken vom Wohnzimmer!«

Ich ziehe meine Decke fester über die Ohren. »Unmöglich. Die Haken sitzen innen, und die Fenster sind geschlossen.«

»Ja, aber – scht ... hör doch selbst.«

Ich höre selbst. Der Wind rüttelt an den äußeren Fensterhaken, mit denen wir tagsüber das Fenster sperrangelweit offenhalten. Da wir nachts das Fenster geschlossen haben, läßt es sich nicht vermeiden, daß die Haken außen vom Nachtwind gerüttelt werden. Und das beeinträchtigt unseren 8-Stunden-Schlaf, den wir so nötig haben, um am nächsten Morgen frisch und ausgeruht die Haken wieder festzusetzen.

»Du kannst dich doch nicht einfach auf die andere Seite drehen. Geh raus und sieh nach, was da los ist!«

Also gehe ich raus und sehe nach. Natürlich rüttelt nur der Wind an den langen Haken, ich wußte es ja. Ich mache einen Umweg über die Küche und schmiere mir ein paar Scheiben Brot mit fetter Leberwurst und genehmige mir dann ein paar Gewürzgurken. Der einzige Lichtblick bei einem Wochenende im Sommerhaus sind die nächtlichen Imbisse, zu denen man reichlich Gelegenheit bekommt.

Zwanzig Minuten später bin ich nämlich wieder in der Küche. Marianne hat einen bedrohlichen Laut aus dem Keller gehört. Ich gehe runter und sehe nach dem Rechten. Vielleicht hat der Nachtwind an der Schnapsflasche gerüttelt? Zur Sicherheit nehme ich die Flasche mit hoch und genehmige mir ein Gläschen zu meinem zweiten Nachtimbiß, Pökelhering mit Perlzwiebeln.

Dann falle ich wieder in meine Federn. Ich bin kaum eingedämmert, als Marianne mich schüttelt.

»Die Garage ...«, flüstert sie nervös, »jemand ist an der Garagentür. Hast du sie nicht abgeschlossen?«

»Das muß der Nachtwind sein«, beruhige ich sie, »ich weiß sicher, daß ich die Tür abgeschlossen habe.«

»Ach Unsinn! Der Nachtwind kann doch nicht das Schloß aufbrechen. Hör mal!«

Ich erhebe mich halb im Bett und halte den Kopf schräg, um die nächtlichen Geräusche besser registrieren und unterscheiden zu können.

»Das muß der Wind sein, der an der langen Leiter rüttelt«, beschwichtigte ich sie, »die lange Leiter hängt unterm Dach an der Nordseite der Garage. Wenn der Wind von Westen kommt, um die Ecke streift und sich unter der Dachtraufe fängt, klappert er an der Leiter, und das macht einen unheimlichen Lärm.«

»Ach was, das ist nicht die Leiter. Du hast sie überhaupt nicht aufgehängt, als du heute hochgeklettert bist und nach dem Schornstein gesehen hast. Hör mal, schon wieder ... du mußt rausgehen und nachgucken.«

Ich ziehe also meine Puschen an, mache die Taschenlampe an, gehe in die Küche und öffne die Schotten. Alles ruhig! Einen Augenblick später öffne ich ein Dortmunder und eine Dose portugiesische Sardinen, dann meinen

Mund – dazu einen Klaren, und so vergeht eine halbe Stunde, wo ich es mir mit Bier und Schnaps und Sardinen und anderen Leckereien gemütlich mache, die sich einem in einer Sommerhausküche um Mitternacht bieten können.

»Das hat ja lange gedauert«, bemerkte Marianne unzufrieden, als ich wieder im Schlafzimmer auftauchte.

»Ich habe eine Runde gemacht und alles kontrolliert. Keine Menschenseele!«

»Hast du die Katze gesehen! Ist sie draußen?«

»Ja, und schönen Gruß auch. Gute Nacht.«

Endlich konnte ich mich hinlegen und unter meine Decke kuscheln.

Ich war gerade eingeschlafen, da meldete sich Marianne abermals. Diesmal sah sie wirklich verstört aus.

»Jemand schleicht draußen rum, am Fenster vorbei. Ich habe einen Schatten gesehen, und die Zweige haben geknackt.«

»Das ist der Hund vom Heidehof. Der streift manchmal nachts hier rum und ...«

»Der ist doch keine 1,80 m groß. Geh raus und guck nach. Und nimm den Schlägel mit.«

Zur Sicherheit habe ich immer einen großen Schlägel unterm Bett liegen. Ich nahm ihn und begab mich in die Küche, um zu sehen, ob sich ein weiterer Nachtimbiß lohnte. Ein Stück kalte gebratene Leber mit gedünsteten Zwiebeln, na ja, das ließ sich essen. Ich spülte sie mit einem Schluck Schnaps runter. Nun war mein Bedarf an mitternächtlichen Leckereien endgültig gedeckt. Ich suchte das Schlafzimmer auf. Marianne schlief wie ein Murmeltier. Wie ein Stein fiel ich in die Kissen und folgte ihrem Beispiel, satt und zufrieden glitt ich ins Reich der Träume.

So verläuft jede Nacht in diesen unsicheren Zeiten. Das heißt ... letztes Wochenende war Marianne so müde, daß sie bereits nach zwei Minuten wie ein Bär schlief. Einbrecher, Landstreicher und anderes Gesindel hätten durchs ganze Haus lärmen können, ohne daß sie aufgewacht wäre. Ich überlegte, ob ich wieder ein bißchen in der Küche naschen sollte, aber eigentlich fehlte mir die Lust. Ein Nachtimbiß bringt nur Spaß, wenn man keinen Bissen im Hause hat, wenn man bei Gewitter Feuerwache hält, oder wenn man Einbrecher verscheuchen soll. Ich verzichtete auf das Essen, zog die Decke fest über die Ohren ... und fuhr mit einem Satz hoch! Da rumorte jemand an den Fensterhaken im Wohnzimmer!!

Mir standen die Haare zu Berge, und ich kriegte Gänsehaut vom großen Zeh bis zu den Ohrläppchen.

»Marianne«, flüsterte ich erschrocken und rüttelte sie, »da ist jemand!«

Schlaftrunken öffnete sie ein Auge einen kleinen Spalt, ohne überhaupt irgend etwas wahrzunehmen.

»Hör doch mal«, raunte ich ihr zu und fühlte einen Kloß im Hals.

»Das ist sicher nur die Katze, die ... an der Garage herumstreicht, oder gegen die Leiter stößt ...«

Sie begrub ihren Kopf in den Kissen und schlief weiter. Die Katze, die herumstreicht ... und das soll einer glauben!

Mit zurückgehaltenem Atem und aufgerissenen Augen und Ohren saß ich aufrecht im Bett, bis im Osten der Morgen graute. Dann langte ich nach dem Schlägel, schlich mich aus dem Bett und stieß die Wohnzimmertür auf.

»Ist da jemand?« rief ich vorsichtig.

Da war keiner. Aber da war einer gewesen. Und im Schutze der Dunkelheit hatte der Kerl Wertgegenstände für über tausend Mark entfernt – laut Schadensersatzmeldung, die ich später von meiner Versicherung betreffs Sommerhauseinbruch, Fall Nr. 3171, zurückerhielt.

Irgendwo habe ich mal gelesen, daß Frauen besser als Männer einen Einbruch verhindern können. Die Katze, die an der Garage herumstreicht ... oder gegen die Leiter stößt ... ja, ja, was man sich so alles anhören muß!

Mein Mann hat keine Hemmungen, um 17.45 Uhr anzurufen und zu fragen, ob er seinen Verleger zum Essen um 18 Uhr mit nach Hause bringen kann. »Nur drei Gänge, ganz bescheiden, nicht wahr, mein Schatz, aber etwas Leckeres. Du weißt ja, was das für uns bedeutet.« Und was bleibt mir anderes übrig, als einverstanden zu sein? Jede Hausfrau kann wohl im Laufe einer Viertelstunde etwas Delikates auftischen, notfalls hat man stets einen Rehbraten oder eine gefüllte Gans parat, nicht?

Toleranz – zu zweit

Es ist mir klar, daß wir in dieser Zeit der
Gleichberechtigung leben, in einer Zeit gleichen
Lohns für alle, gleicher Macht
und Gleichmacherei für alle. Ich finde es auch
richtig, daß wir Frauen immer mehr
ins Scheinwerferlicht rücken,
daß wir uns überall hineindrängen.
Ich weiß auch, daß viele Männer unter dieser
rasenden Frauenemanzipation leiden, aber da fragt
sich, ob sie mehr leiden, als sie verdient haben.
Ich selbst gehöre wohl zu den eher
konservativen Typen. Vielleicht klingt es primitiv,
aber ich fühle mich eigentlich ganz wohl
in meiner Lage und habe mich
immer wohl gefühlt … obwohl ich mich hüten
werde, öffentlich im Stadtpark auf einen Bierkasten
zu klettern und meine Meinung zu sagen.
Nein, ich bin mit meinem Leben
ganz zufrieden und werde schön meinen Mund
halten. Aber eins steht fest –
mein Mann hat verdammtes Glück gehabt,
daß er in der Heiratslotterie gerade mich gezogen hat,
eine gute und verständnisvolle Frau,
die ihrem Mann immer recht gibt, immer
zugibt: Was der Herr im Hause tut,
ist wohlgetan …

Zur Kunst der Zweisamkeit gehört, daß man seinen in der Ehe angewiesenen Platz kennt und akzeptiert, und zu Mariannes Lob sei gesagt, daß sie ihren durchaus kennt. Wenn wir über irgend etwas diskutieren und ich meine Meinung zu erkennen gebe ... dann gibt sie mir immer recht. Allein heute hat mir Marianne wohl ein halb dutzendmal in verschiedenen Fällen recht gegeben. Aber wenn ich mir die Gespräche noch mal durch den Kopf gehen lasse, frage ich mich, ob sie bei der Formulierung ihrer Antworten eine bestimmte Taktik verfolgt. Hören Sie zum Beispiel mal das Gespräch über die Autowäsche:

»Hast du übrigens nicht versprochen«, begann sie, »heute den Wagen zu waschen?«

»Schon wieder? Das ist doch noch nicht nötig.«

»Nein, vielleicht hast du recht. Na gut, dann laß es bleiben ... wenn es dir nichts ausmacht, daß wir in dieser Dreckskarre heute abend zu Thomsens zum Essen fahren.«

Einige Zeit später gab sie mir recht, daß sie kein neues Abendkleid brauchte.

»Natürlich ist es richtig, daß ich ein Abendkleid entbehren kann ... wenn du meinst, daß das Geld für Kartenspiel und Schnaps und Zigaretten wichtiger ist, und für all das Essen mit deinen zahlreichen mehr oder weniger mysteriösen Freunden ... oder Freundinnen, was weiß ich?«

Sie stimmte mir auch zu, als ich vorschlug, in der Sporthalle den Titelkampf für die Europameisterschaft im Schwergewicht mitzuerleben.

»Ja, geh man ruhig hin«, nickte sie einverstanden, und fügte hinzu: »Wenn du meinst, daß dir die 50,– DM wert sind, zwei prustende, stiernackige, behaarte Affen anzuglotzen, die sich zu Apfelmus schlagen.«

Sie fand es auch vernünftig, daß ich mir endlich nach langem Überlegen den Billardtisch anschaffte, den ich mir schon eine Ewigkeit gewünscht hatte für meinen Hobbykeller, und den ich nun spottbillig kriegen konnte, weil Thomsen in eine kleinere Villa zog und keinen Platz mehr für den Tisch hatte.

»Natürlich, kauf ihn doch«, meinte sie großzügig, »es wäre ganz lustig mit Billard in unserem Haus, wenn deine Freunde zum Geburtstag kommen. Wenn du also einen Billardtisch wichtiger findest als eine neue Waschmaschine, die mir so fehlt. Dann haben wir ja wenigstens etwas Neues im Keller ... wenn auch nicht im Waschkeller.«

Sie hatte auch nichts dagegen, als ich anrief und fragte, ob es paßte, wenn ich meinen Verleger zum Essen mitbrachte.

»Ja natürlich, in Ordnung«, sagte sie, »bring ihn ruhig mit ... wenn du es fair mir gegenüber findest, daß du eine Viertelstunde vorm Essen noch Gäste ankündigst und die Geschäfte in 5 Minuten schließen.«

Wie Sie sehen ... Marianne gibt mir immer recht. Ich darf alles, immer grüne Welle. Aber wenn ich diese Beispiele nochmals durchlese, wird mir klar, daß ihre kleinen Nachsätze immer alles für mich verderben. Und ich nehme mir vor, beim nächsten Mal, wenn sie mich um etwas bittet – das kann ja passieren, wenn man zu zweit lebt –, ihre eigene Waffe gegen sie selbst zu gebrauchen.

Und vorhin bot sich mir die Chance. Ich saß an meiner Schreibmaschine, als sie plötzlich eintrat, sich über mich beugte und mir das Ausverkaufsangebot eines Pelzwarengeschäftes in unserem Lokalblatt zeigte. Da stand NERZSTOLA unter einer fotografischen Abbildung des genannten Umhängsels, Preissturz von DM 5000,– auf 3995,–.

»Du hast doch nichts dagegen, daß ich eben hinlaufe und die himmlische Stola kaufe?«

»Nein, mein Schatz, natürlich habe ich nichts dagegen, wenn du meinst, daß ...«

Schnell verschloß sie meine Lippen mit einem Kuß und hielt mir gleichzeitig einen Kugelschreiber und ein Stück Papier hin: »Tausend Dank, Liebling«, rief sie, »darf ich das schriftlich haben?«

Wenn sich mein Mann alle Jubeljahr einmal aufschwingt und mich ausführt, zum Essen einlädt und so, hat er nichts dagegen, den Abend mit einem Gutenachtdrink in der Hotelbar abzurunden. Aber sobald ich ihm einen Wink mit dem Zaunpfahl gebe, daß er mich zu einem einzigen Tanz auffordern könnte, treibt ihm die nackte Angst die Schweißperlen auf die Stirn. Nichts flößt ihm mehr Respekt ein als ein Tanzboden ... es sei denn, ein exklusives Essen und die nötige Menge erlesener Weine haben die schlimmsten Hemmungen hinweggespült ...

Ein exklusives Wochenende – zu zweit

Das ideale Paar muß nicht nur Wohnzimmer und Schlafzimmer teilen, sich einigen, ob man die Brötchen mit oder ohne Mohn ißt und wer die oberen und wer die unteren Hälften bekommt. Nein, das ideale Paar muß sich auch zusammen erholen können. Hier denke ich an den häuslichen Feierabend, wo sich jeder in eine Sofaecke pflanzt und stundenlang auf die Mattscheibe glotzt, um irgendeinen geisttötenden Fußball- oder Eishockey- oder Boxkampf zu verfolgen – solche Sendungen sind nach Ansicht meines Mannes besser als alle anderen Fernsehprogramme geeignet, die geistige Entwicklung zu fördern. Ich denke vielmehr an die Freizeit, die man außerhalb seiner vier Wände gemeinsam gestaltet, zum Beispiel eine vierzehntägige Spritztour nach Barbados oder Mallorca. Zwar ist es mir bis jetzt noch nicht gelungen, meinen Mann für so eine Traumreise fern vom Alltag zu gewinnen, aber immerhin habe ich ihn neulich zu einem verlängerten Wochenende in ein elegantes Hotel am Rhein überreden können. Das ist ja wenigstens ein Anfang, obwohl … na ja, lassen Sie ihn das lieber selbst erzählen. Mir fehlen die Kräfte, dies Wochenende nochmals in der Erinnerung nachzuvollziehen, obwohl wir die Tage da unten in vollen Zügen genossen haben …

Kennen Sie das nicht, daß man mit den Nerven so runter ist – so erschöpft und gestreßt von der Arbeit –, daß man den Kaffee aufs Tischtuch anstatt in die Tasse gießt?

»Guck mal«, wandte ich mich an Marianne, »wie meine Hände zittern, was ist bloß mit mir los?«

»Nichts weiter, als daß du ein paar Tage Erholung brauchst. Wie wär's mit einer Spritztour zur Costa del Sol?«

»In Torremolinos waren gestern nur 7 Grad«, winkte ich ab, »nein danke, ich habe keine Lust, da unten in Badehosen herumzuhocken und mir eine Grippe zuzuziehen.«

»Dann laß uns nach Barbados fahren – oder nach Malta. Das ist jetzt ›in‹.«

»In Ordnung, mein Schatz, wenn du ein paar Tausender unter deiner Matratze aufbewahrt hast. Ich persönlich habe gerade keinen Scheck zur Hand, auf dem Malta geschrieben steht.«

»Aber wir können uns ein verlängertes Wochenende am Rhein genehmigen«, schlug ich vor, »Hotel ›Rheinblick‹.«

»Was für 'n Blick?«

»Rheinblick, am Rhein, ein ansehnliches Hotel mit gutem Ruf und internationalem Flair.«

»Und was sollen wir da machen?«

»Uns erholen ... gut essen, lange Spaziergänge am Rhein machen, erlesene Weine trinken, vielleicht mal das Tanzbein schwingen, kurz, richtig abschlaffen, still und gemütlich, neue Kräfte sammeln. Ich rufe sofort an und bestelle ein Zimmer.«

»Das ist nichts für mich.«

»Stell dich doch nicht so an. Du mußt mal abschalten.«

»Muß ich überhaupt nicht«, protestierte ich und spülte meine Nervenpillen, meine Magentabletten und meine Vitalpillen runter.

Am folgenden Tag kamen wir im Hotel Rheinblick an, ein vornehmes Hotel direkt am Rhein. Unterwegs waren wir in dichten Verkehr geraten, ich hatte mehrmals schonungslos in Kurven überholt und Hunderte von idiotischen Sonntagsfahrern zur Seite geblinkt, daß wir vorwärts kamen und die strapaziöse Fahrt schnell hinter uns brachten. Als wir vorm Hotel hielten, war ich ziemlich schlecht gelaunt.

»Herzlich willkommen«, lächelte die Empfangsdame, als ich unsere Koffer herausgeholt und mich vorgestellt hatte.

»Unser Zimmer ist wohl noch nicht bereit?« erkundigte ich mich gereizt. Es ärgerte mich, daß man nun stundenlang in einem langweiligen Kuhdorf herumstreunen sollte, bevor man sich irgendwo ausruhen und zurechtmachen konnte.

»Sie haben Zimmer 107. Unser junger Mann wird Sie hinaufführen.«

»Das Gepäck muß man wohl selbst hochschleppen ...«

»Lassen Sie mich, mein Herr«, bot sich der junge Mann höflich an.

»Nummer 107«, wandte ich mich an die Empfangsdame, »das liegt wohl direkt am Fahrstuhl, daß man die ganze Nacht kein Auge zukriegt?«

»Wir haben keine Zimmer am Fahrstuhl, mein Herr.«

»Aber dann hat das Zimmer wohl keine Aussicht? Vermutlich mit Fenster zum Hof, zum Küchenausgang und zu den Abfalleimern?«

»Zimmer 107 hat die schönste Aussicht von allen Zimmern, mein Herr. Die gnädige Frau bat ausdrücklich um das ruhigste Zimmer – mit der schönsten Aussicht.«

»Hm«, brummte ich argwöhnisch und folgte dem Pagen auf Zimmer 107. Ich guckte mich im Raum um.

»Hier steht die Luft geradezu«, stellte ich fest.

»Unsinn«, lachte Marianne, »alle Fenster sind auf.«

»Richtig, ich fand gleich, es ist eiskalt hier.«

Der Page schloß die Fenster und stellte die Heizung an.

»Also, einen Hitzschlag wollen wir auch nicht kriegen. Gibt es hier keine Musik?«

Der Page zeigte mir die Stereo-Anlage in der Wand und drückte auf einen Knopf. Gedämpfte Musik erfüllte den Raum. Ich lauschte.

»Nicht gerade Haydn oder Wagner«, bemerkte ich.

»Soweit ich weiß, hast du nie einen dieser beiden Herren ausstehen können«, warf Marianne schnell ein.

»Und was sollen wir jetzt machen?« meckerte ich.

»Du könntest ein heißes erfrischendes Bad nehmen, oder wir könnten durch die Stadt spazieren und Appetit fürs Essen sammeln.«

»Appetit fehlt mir keineswegs«, gab ich zurück, »ist nur die Frage, ob die hier was Anständiges zu bieten haben.«

Ich öffnete die Tür zum Bad.

»Ach um Gottes willen«, rief ich aus, »diese Farben der Kacheln! Die Innenarchitekten haben wohl gar keinen Geschmack mehr.«

»Komisch«, entgegnete Marianne, »genau die Farben hast du für deinen neuen Schlips gewählt.«

»Komm, wir klappern die Stadt ab«, entschied ich und machte mich zum Gehen fertig.

»Hier ist sicher nichts los in der Stadt, was?« brummte ich, als wir ins Foyer traten. Die Empfangsdame reichte mir lächelnd eine Broschüre mit den Sehenswürdigkeiten der Stadt. Ich blätterte darin.

»Zu all diesen sogenannten Attraktionen habe ich weder Lust noch Kraft«, erklärte ich und steckte die Broschüre in die Westentasche. Wir zogen los.

Einige Stunden später näherten wir uns wieder dem Hotel. Der Rundgang hatte länger gedauert als geplant, denn wir hatten ins Städtische Museum reingeguckt, wo es tatsächlich mehr zu sehen gab, als ich mir hätte träumen lassen. Allmählich war ich hungrig wie ein Bär nach einem Winterschlaf, und ich wandte mich auf der Straße an einen netten älteren Herrn, der wie ein Einheimischer aussah.

Verzeihung, kann man hier irgendwo in der Stadt etwas Anständiges zu essen bekommen?«

»Ja«, meinte er, »Hotel ›Rheinblick‹ kann ich empfehlen.«

Das hätte man sich auch selbst ausrechnen können. Wir suchten unser Zimmer auf. Nachdem Marianne sich in Schale geworfen hatte, betraten wir das Hotelrestaurant.

Man führte uns an einen Tisch am Fenster, mit Aussicht auf einen Park, einen See mit ein paar Schwänen und ähnlichem Zauber. Der Kellner reichte uns die Speisekarte.

»Zwei Tagesgerichte, Bier und einen Klaren«, bestellte ich.

»Laß uns doch erst in die Speisekarte gucken«, meinte Marianne, »vielleicht hättest du lieber was anderes.«

»Kaum«, entgegnete ich kurz und öffnete widerstrebend die Speisekarte. Wir entschieden uns für einen jungen, gefüllten Puter vom Lande, den sie direkt vom Futtertrog weggefangen hatten, mit Trüffel, Pommes parisiennes und Sauce Madeira. Es schmeckte besser, als ich zu hoffen gewagt hatte. Dazu ein ganz annehmbarer Bordeaux, ein schloßeigener Chateau Chaiselongue, oder wie das Ding nun hieß. Erstaunlicherweise gar nicht so schlecht für das Geld. Als wir anderthalb Stunden später beim Kaffee saßen, mit Petits fours und Cognac, fühlte ich mich eigentlich ganz behaglich. Genüßlich zog ich an meiner Zigarre. Marianne schaute träumerisch auf die Blumen und die brennenden Kerzen.

»Wie schön es hier ist!« flüsterte sie. Ihre Wangen waren vom Rotwein leicht erhitzt.

»Wart mal ab«, sagte ich, »bis jetzt ging es ja, aber wer weiß, ob wir heute abend genau so ein Glück haben, ob die überhaupt abends warmes Essen servieren. Vielleicht ist die Suppe eine Art Abwaschwasser, und wer garantiert uns, daß der Hotelkoch etwas von Braten versteht. Und der Nachtisch ist ja meist der schwache Punkt. Wenn die uns ein 08/15-Pfirsich-Melba andrehen, dann ziehen wir sofort ins Missionshotel.«

»Natürlich brauchst du dir nichts gefallen zu lassen, mein Liebling«, beruhigte mich Marianne und legte ihre Hand auf meinen Arm. Wenn sie mal rauskommt, mit Wein und Kerzen und so, wird sie gleich sentimental. Aus dem Alter müßte sie doch längst raus sein.

Ich legte den Zigarrenstummel beiseite und unterdrückte ein kleines Gähnen.

»Jetzt würde mir ein Mittagsschläfchen guttun«, bemerkte ich.

»Dann freu dich, daß oben ein kuscheliges Bett auf dich wartet.«

Wir gingen nach oben. Ich drückte mit der flachen Hand auf die Matratze.

»Steinhart«, stellte ich fest. Marianne setzte sich aufs Bett und hopste darauf.

»Quatsch, das Bett ist fast zu weich.«

»Okay«, brummte ich und zog meinen Schlips aus, »ich wußte ja, irgendwas stimmt nicht an dem Bett. Hier kriegen wir kein Auge zu. Hab' ich ja von Anfang an gesagt.«

Wir krabbelten ins Bett, um Siesta zu halten. Ich stellte die gedämpfte Musik noch leiser.

Der Chateau Chaiselongue, oder wie der nun hieß, hatte Marianne romantisch gestimmt, und sie wollte in meinem Arm liegen.

Ich war wohl doch eingeschlummert, denn die Uhr zeigte bereits 18.30, als ich mit einem Satz hochschnellte und verstört fragte, wo ich mich befand.

»Im Hotel ›Rheinblick‹«, verkündete Marianne, die vorm Spiegel saß und sich anpinselte. Sie hatte sich in ihr neues exotisches Thai-Abendkleid gezwängt. Sie sah aus, als wollte sie in der Villa Hammerschmidt dinieren.

»Ich nehme ein Bad«, sagte ich, »obwohl das Wasser sicher eiskalt ist.«

»Paß auf, daß du dich nicht verbrühst«, lachte Marianne.

»Gibt es hier keine Musik mehr?« erkundigte ich mich mürrisch.

Marianne drückte auf einen Knopf, und leise Musik erklang. Ich badete, und eine Stunde später erschienen wir geschniegelt und gestriegelt im Restaurant. Ich war gespannt, was sie uns andrehen würden. Wir wurden an unseren Fenstertisch geführt, und der Kellner behandelte uns, als wären wir seit etlichen Jahren Stammgäste. Ich schob die Blumen auf dem Tisch zur Seite. Wenn ich Hunger habe, will ich Essen sehen und keine Gartenschau.

»Geben Sie uns eine kalte Platte für zwei Personen«, entschied ich.

»Aber wir wollten doch warm essen«, protestierte Marianne. Gelangweilt öffnete ich die Speisekarte. Sie war groß und sperrig wie ein frischgestrichenes Scheunentor. Schließlich gelang es uns, ein Menu zusammenzubauen, das sich essen ließ – sofern der Koch sich auf sein Handwerk verstand. Zu Beginn eine echte Schildkrötensuppe, einfach und anspruchslos, dann ein Tournedos Toulouse, leicht angebratenes Rumpsteak mit grünen Bohnen garniert, geröstete Champignons Fontainebleau, andalusische Tomaten mit Gänseleberpastete, Pommes chips, Pommes frites und französische Trüffelsauce. Zum Nachtisch begnügten wir uns mit einer Eisbombe Hawaii, Ananas Sorbet mit kandierten Kirschen, feingehackten Nüssen und geriebener Schokolade.

»Wünschen die Herrschaften etwas zu trinken?« Der Kellner kam mit der Weinkarte.

Hier würde uns das Hotel das letzte Geld aus der Tasche ziehen. An den teuren Weinen verdienten die ja Unsummen. Ich kannte die Brüder. Schließlich speiste ich nicht zum ersten Mal in einem vornehmen Restaurant.

»Wenn ich Ihnen einen Vorschlag machen darf ...«, begann der Kellner.

Blitzschnell klappte ich die Weinkarte zu und begegnete trotzig seinem Blick. »Ja?« reagierte ich argwöhnisch.

»Haben Sie unsere Hausmarke probiert? Sie kann sich durchaus mit unseren anderen, weit teureren Weinen messen.«

Merkwürdiger Vorschlag, aber na ja, wir bestellten den Wein des Hauses. Ich warf einen Blick auf meine Armbanduhr. »Jetzt wird man hier wohl eine Dreiviertelstunde warten müssen«, nörgelte ich, »aber ich habe jetzt Hunger. Und nicht in einer Dreiviertelstunde, wenn meine gewöhnliche Essenszeit längst vorbei ist.«

Es vergingen drei Minuten. »Gestatten Sie?« Ein junger Kellner servierte die dampfende Schildkrötensuppe. Und dann ging es Schlag auf Schlag, bis wir mit erhitzten Gesichtern beim Mokka, Makronenkuchen und Cognac angelangt waren. Ich zündete mir eine dicke Zigarre an und schob die Blumenvase so zurecht, daß die Blüten im Kerzenlicht schimmerten.

»Haben wir es nicht herrlich, Schatz?« flüsterte Marianne und legte zum zweiten Mal im Laufe dieses Tages ihre Hand auf meinen Arm.

»Na ja, es geht so«, ließ ich mich herab zu bemerken und nippte am Cognac.

Nach dem Abendessen verlegten wir unsere Residenz in die Hotelbar, um uns einen Gutenachtdrink zu genehmigen.

»Was für ein Lärm«, bemerkte ich verstört, »hier ist es ja nicht zum Aushalten.«

»Das ist kein Lärm, mein Schatz«, korrigierte Marianne, »das ist Musik, Tanzmusik. Und Tanzen ist hier erlaubt.«

»Na«, meinte ich und nahm einen Schluck Whisky. Marianne bewegte ihre Arme rhythmisch im Takt der Musik.

»Okay«, ergab ich mich und führte sie auf den Tanzboden. Es ging einigermaßen, obwohl ich mich seit einiger Ewigkeit nicht mehr auf einer Tanzfläche bewegt hatte. Nach einigen weiteren Gutenachtdrinks ging die Musik in einen Swing-Sound über, der ehemals meine Stärke gewesen war. Es war ziemlich heiß im Lokal, und ich lockerte freizügig meinen Schlips. Und dann legte ich ordentlich los, arbeitete mit Armen und Beinen, um Mariannes Gelüste zu steuern. Ich schwang sie herum, daß sie mehrmals fast aus meinen Armen und in alle Flaschen geflogen wäre.

»Wie geht's deinem steifen Nacken?« rief sie durchs Swing-Getöse.

»Steifer Nacken?« rief ich zurück und ließ sie an die Decke fliegen, »was für ein steifer Nacken?«

Der Swing-Sound schlug jetzt in Rockmusik um, worauf die tanzenden Paare wild aneinander zu reißen begannen. Wir stärkten uns wiederum mit einem Gutenachtdrink, und ich beobachtete die jungen Leute bei ihren Tricks, wie sie einander durch die Luft wirbelten. Das konnte ich auch! Ich riß Marianne vom Barhocker und schleuderte sie herum. Das hatte sie davon! Hatte sie nicht selbst darum gebettelt? Wenn schon Tanz, dann richtig Tanz. Ich legte mich tüchtig ins Zeug. Diesen jungen Disco-Heinis und ihren hampelnden Miezen würden wir es schon zeigen, daß unser guter alter Jahrgang mit Originalabfüllung auch noch taugte! Also gingen wir ran, daß die Fetzen flogen. Einige junge Leute wichen zur Seite und bildeten einen Halbkreis um uns. Sie feuerten uns mit taktfesten Klappsalven an, und ich wage zu behaupten, sie kamen voll auf ihre Kosten.

Plötzlich nahm das Vergnügen ein jähes Ende. Ich erstarrte mit einem Aufschrei, der allen Lärm verstummen ließ.

»Was ist los?« Marianne beugte sich besorgt über mich.

»Hexenschuß!« stöhnte ich und hatte nicht die Kraft, mich aufzurichten. Ein paar Kellner mußten mir aufs Zimmer helfen. Nur mit allergrößter Mühe konnten sie mich aufs Bett hieven. Marianne verschaffte mir allerhand Tabletten und Säfte, um die Schmerzen zu lindern.

Als ich am nächsten Vormittag die Augen aufschlug, ging es mir ein klein wenig besser. Aber mein Schädel dröhnte, und ich verfluchte alle Tanzlokale.

»Das ist doch auch keine Art«, schimpfte ich, »daß Leute meines Alters gezwungen sind, die halbe Nacht zu diesen blöden Swing- und Rock-Tönen herumzuhopsen, nur weil das Hotel keine andere Unterhaltung nach Mitternacht zu bieten hat.«

Ich konnte sehen, daß Marianne ihren Mund zu einer Antwort öffnete, aber ihn wieder schloß, als sie meinen durchbohrenden Blick sah. Sie wollte sicher so was Ähnliches sagen wie: das Hotel könnte ja nicht nur meinetwegen das Tanzlokal zu einem Bastelstübchen für Peddigrohr machen ... Ich kenne doch meine Frau!

Ich weiß nicht, wie andere Frauen reagieren, wenn sie ihr erstes graues Haar entdecken. Ich jedenfalls hatte ein Gefühl, als stände ich mit einem Bein auf der Schwelle zum Altersheim. Und natürlich entdeckte ich das graue Haar ausgerechnet an einem Abend, als wir beim Verleger meines Mannes vornehm zum Essen eingeladen waren, wo es so viel für sein Honorar bedeutete, daß ich mich von meiner charmantesten und bezauberndsten Seite zeigte, und dann als grauhaarige Frau, o nein …

Langsam älter werden – zu zweit

*Die größeren und kleineren Erschütterungen,
die das Schicksal uns bereitet,
steht man am besten zu zweit durch. Man ist ja nun
kein Backfisch mehr – wie es in den
goldenen Zwanzigern hieß –
und da lassen sich gewisse somatische
Veränderungen nicht übersehen. Hier und da zeigen
sich kleine Falten, und man braucht dreimal
soviel Zeit vorm Spiegel,
um sich hübsch zu machen, aber vielleicht
liegt das auch an der geringeren
Qualität der Kosmetika heutzutage.
Ich weiß nicht, wie andere Frauen reagieren, wenn
sie ihr erstes graues Haar entdecken –
für mich jedenfalls stürzte eine Welt zusammen, und
ich hatte das Gefühl, mit einem Bein auf der
Schwelle zum Altersheim zu stehen.
Und der Trost, den ich bei meinem Mann
zu holen hoffte …*

Wir waren bei meinem Verleger zum Essen eingeladen und betrieben hektisch das Umkleiden und Zurechtmachen. Es war ziemlich lange her, daß ich meinen feinen dunkelblauen, längsgestreiften Anzug getragen hatte, und zu meiner Verwunderung saß die Hose zu stramm in der Taille, obwohl ich sicher meinte, ein paar Pfund abgenommen zu haben. Aber natürlich konnte die Hose in der Reinigung eingelaufen sein.

»Ich glaube, ich ziehe doch lieber meinen grauen Anzug an«, erklärte ich mit einem Blick auf Marianne. Ich trat einen Schritt näher. Es sah aus, als hätte sie Tränen in den Augen.

»Sag mal«, fragte ich, »hast du gerade Zwiebeln geschnitten?«

»Ich werde alt«, bemerkte sie schniefend.

»Das wollen wir hoffen. Das wollen wir doch beide werden ... zu gegebener Zeit, gemeinsam.«

»Ich meine ... ich werde wirklich alt.«

Sie beugte den Kopf ein wenig vor und hielt die schwarzen Locken auseinander, so daß ich eine bestimmte Stelle genauer betrachten konnte. Ich guckte sorgfältig. Es sah eigentlich nicht anders aus als jedes andere graue Haar. »Na, weiter nichts«, beruhigte ich sie, »wäre ja schlimmer, wenn du ein rotes oder blondes Haar gefunden hättest ... auf meinem Jackett. Ha, ha!«

»Das ist doch kein Grund zum Scherzen. Das ist fürchterlich – ich kriege graue Haare.«

»Ich habe eine Idee«, rief ich, »wir verwischen alle Spuren ... wir reißen das Haar aus!«

Der Vorschlag ließ sie erstarren. »Bist du wahnsinnig, Mensch! Dann wachsen 7 neue graue Haare an der Stelle.«

»Gut, dann laß es sitzen, aber beeil dich jetzt, in fünf Minuten müssen wir los.« Sie weigerte sich mitzukommen.

Und morgen weiß die ganze Stadt, daß ich alt und grauhaarig werde«, schluchzte sie, »du kennst Irmela und weißt, wie sehr sie über meinen Anblick frohlocken wird. Wie grauenhaft, ... mein ganzes Leben ist zerstört.«

An den folgenden Tagen nahm sie praktisch keine Nahrung zu sich. Mindestens 117mal täglich guckte sie in den Spiegel, um sich über das graue Haar zu grämen. Jeden Abend wimmerte sie sich in den Schlaf, jeden Morgen wimmerte sie sich wach. Wenn andere Frauen das erste graue Haar ebenso schwernehmen, dann tun mir die weiblichen Wesen leid. Wir Männer lassen uns dadurch überhaupt nicht erschüttern. Ich selbst habe etliche graue Haare und finde das sogar kleidsam und männlich. Nach meiner eigenen bescheidenen Ansicht liegt zumindest etwas Distinguiertes, ein Flair von Gentleman über grauen Haaren, es verleiht einem den Anstrich von Wohlstand, Klasse ... und erhöht die Kreditwürdigkeit.

Eines Abends, als Marianne sich wie gewöhnlich in den Schlaf geheult hatte, ergriff ich kurzerhand einen Beschluß. Ich beugte mich über sie, starrte gebannt auf ihre schwarzen Locken, bis ich das schicksalhafte Haar entdeckte. Vorsichtig ergriff ich es mit Daumen und Zeigefinger – und zog es mit einem Ruck aus.

Am nächsten Morgen beobachtete ich sie aufmerksam. Als sie aufwachte, steuerte sie, wie an den vorangehenden Tagen, geradewegs auf den großen Spiegel zu, um ihr graues Haar zu betrachten.

Sie hielt die schwarzen Locken auseinander, wurde nervös und suchte wie eine Besessene nach dem grauen Haar, fand es aber nicht. Ich erwartete, sie würde das mit einem strahlenden Lächeln registrieren, aber ich hatte mich geirrt. Plötzlich warf sie sich über den Frisiertisch und schluchzte, wie sie in ihrem ganzen Leben noch nicht geschluchzt hatte.

»O nein ... o nein ...«

»Was ist denn nun los?«

Sie wandte mir ihr Gesicht zu, und Tränen liefen in Sturzbächen über ihre Wangen.

»Nun werde ich wirklich alt«, rief sie laut klagend.

»Nanu, wieso denn das?«

»Ich habe das graue Haar verloren. Ich kriege eine Glatze!«

Okay, zwar kann man es meinem Mann heute nicht mehr unmittelbar ansehen, aber früher sah er gar nicht übel aus, und ich schwebte richtig in den Wolken, wenn ich an einem lauen Sommerabend mit ihm an der Mole herumflanierte. Aber damals gab es ja noch Romantik. Ich weiß nicht, was mit der heutigen Jugend los ist, aber Vollmond oder Blumenduft, weißer Flieder, Sternschnuppen oder so was Ähnliches, das läßt sie eiskalt. Oder wie seh' ich das?

Holde Erinnerungen – zu zweit

Zu romantischen Stunden gehören jedenfalls zwei Personen. So war es zumindest in unseren jungen Jahren. Damals konnte man noch schwärmen. Wir lustwandelten in den Anlagen am Stadtpark und betrachteten die Schwäne auf dem See, wir flanierten an der Ligusterhecke entlang, wir schwärmten auf stillen Waldpfaden. Meinen Mann lernte ich damals an einem lauen Sommerabend im Park kennen, und wir wandelten an den Teichen und Blumenbeeten und verharrten in den dunklen Ecken, wo die Bänke standen. Ja, das war damals. Ach, ja … Wenn ich mir die heutige Jugend angucke, scheint mir, daß den jungen Leuten der Sinn fürs Romantische völlig abgeht. Irgendwie können sie eine romantische Stimmung gar nicht nachempfinden. Nee, die jungen Leute von heute latschen bloß nachlässig in ihren schlampigen, phantasielosen Jeans herum und interessieren sich für nichts anderes als ihre blöden knatternden Mopeds, ihre Motorräder und Protestaktionen. In meiner Jugend spazierte man im Mondschein hinaus auf die Mole bis zum Leuchtfeuer und … ja, damals gab es noch Romantik. Davon kann auch mein Mann ein Lied singen …

Ja wirklich, früher war die Jugend ganz anders als heute. Erschreckend, wie träge und unromantisch die jungen Leute von heute sind. Schon genug damit, daß es einem jungen Mann nie einfallen würde, einem Mädchen gegenüber galant aufzutreten. Aber daß sie überhaupt keinen Sinn für Romantik im Leben haben, das erscheint mir ein ebenso bedauernswertes wie höchst beunruhigendes Phänomen der heutigen Zeit. Wir fordern ... wir fordern ... das ist das einzige, was sie ständig rufen. Nur Romantik fordern sie nie.

Bei uns damals war das ganz anders. Neulich hatte ich Gelegenheit, mich an meine eigene gehaltvolle und, ich darf wohl sagen, tief romantische Jugendzeit zu erinnern, sie nochmals nachzuvollziehen. Meine Eltern und ich wohnten in den Ferien für ein paar Wochen in einer Sommerpension in einem kleinen Fischerdorf in der Nähe des Hafens. Das kleine Fischerdorf hieß Neubrück und war nach wenigen Bahnstunden zu erreichen. Es existiert noch heute, nur mit dem Unterschied, daß der Ort jetzt von Touristen und Badegästen überrannt ist. Und wo damals die Pension Sonnenschein lag, liegt heute eine riesige Bowlinghalle, eingequetscht zwischen mehreren pompösen Hotels, eins komfortabler, kälter und aufdringlicher als das andere.

»Wie wär's mit einem kleinen Ausflug zum Neubrücker Strand?« schlug ich eines Tages vor, als wir in unserem Sommerhaus saßen und uns langweilten, weil es nichts Spannendes im Fernsehen gab.

»Als junger Mann verlebte ich oft meine Ferien in Neubrück,« erklärte ich Benny, unserem hoffnungsvollen Sohn.

»Das ist jetzt eine Ewigkeit her, daß ich da war. Ich würde gern mal sehen, ob da noch etwas von der alten Stimmung geblieben ist.«

Marianne war sofort hell begeistert von dem Vorschlag. Benny war es ganz egal.

»Jedenfalls habe ich keine Lust, den ganzen Abend mit euch über einer Tasse Kaffee und einem Stück trockenen Sandkuchen irgendwo herumzuhängen«, meinte er gelangweilt, »aber vielleicht ist ja was los in der Bowlinghalle, oder ich treffe Bekannte in der Diskothek, also gut.«

Er fuhr mit. Wir erreichten Neubrück mit seinem Touristengewimmel und machten gleich einen Abstecher zum Hafengelände, hielten eine Zeit an der Mole und genossen die Aussicht aufs Meer. Marianne entdeckte eine Eisbude, wo man groß für »Eiswaffeln wie in der guten alten Zeit« Reklame machte. Wir schickten Benny hin nach ein paar riesigen Eiswaffeln mit Sahne und Kirschen und Schokoladenstreuseln. An der Bude hantierte unser Bengel so lange und ungeschickt mit den Riesenwaffeln herum, daß er gegen ein junges Mädchen rannte und ihr die eine Eiswaffel mit Schwung auf die Brust klatschte. Dieser Trampel, ungelenk war er schon immer! Seine Mutter kriegte einen Schock. Schnell öffnete sie die Autotür und lief mit einem sauberen Taschentuch rüber, um dem armen Mädchen den kalten, fettigen Brei abzuwischen.

»Hättest du nicht besser aufpassen können?« hörte ich sie auf Benny schimpfen, »und dann stehst du einfach da, anstatt nach ein paar sauberen Papierservietten zu laufen!«

»Na ja, Mensch ... man braucht doch eine Reaktionszeit.«

Benny schlurfte zur Eisbude und holte einen Stapel Papierservietten, um die Brust des Mädchens wieder rein und hübsch zu machen. Der Anblick ließ nichts zu wünschen übrig, abgesehen von den Schokoladenstreuseln.

»Natürlich kommt es dir nicht in den Sinn, dich bei dem süßen Mädchen zu entschuldigen«, bemerkte ich nebenbei, als der Junge zum Wagen zurückkam.

»Aber da ist doch gar nichts passiert ...«

»Zumindest könntest du der jungen Dame eine neue Eiswaffel kaufen.«

»Mann, das war doch gar nicht ihr Eis!«

»Ein wenig gute Manieren könntest du doch zeigen ...«

»Mein Gott noch mal ...«

Er bewegte sich schwerfällig auf die Eisbude zu und kaufte dem Mädchen ein Eis. Marianne ging kopfschüttelnd zum Auto zurück. Fünf Minuten später sahen wir Benny und das Mädchen grinsend und herumalbernd in Richtung Bowlinghalle verschwinden.

Wenn das in meiner Jugend passiert wäre; wenn ich mein Eis auf den Busen einer schönen Jungfrau geklatscht hätte ... na, da hätte ich mir aber ein paar kräftige Ohrfeigen geholt. Das Mädchen hätte sich in tiefster Verachtung von mir abgewandt, und ich hätte mich über meine Ungeschicklichkeit zu Tode geschämt. Aber heutzutage ... man kann über die heutige Jugend nur den Kopf schütteln.

Wir parkten den Wagen und ließen uns im nächsten besten Restaurant auf der Terrasse nieder, um unseren Nachmittagskaffee zu trinken. Mit Sandkuchen. Und Cognac. Und ein kleiner Aprikosenlikör für die Dame. Von der Terrasse hatten wir eine herrliche Aussicht über den kleinen Hafen und die Mole mit dem Leuchtfeuer. Ich erinnerte mich, wie ich in meiner frühen Jugend die lauen Sommerabende auf einer Bank weit hinten auf der Mole verbracht hatte. Ich sah Constanze vor mir, ein süßes, blondes Geschöpf. Hand in Hand hockten wir dort, während die schmachtenden Töne des Trios vom Strandpavillon den mondhellen Abend durchzogen, uns einlullten und der Szene den romantischen Hauch verliehen, wie es sich für eine späte Sommernacht gehört. Und ich flüsterte zärtliche Worte in ihre Ohren, die andächtig lauschten: »Niemals, Constanze ... niemals habe ich ein Mädchen wie dich gesehen, meine Geliebte.« Oder so ähnlich. Worte, die wirklich zu Herzen gingen, Worte, die tief in die Gefühle der schönen Jungfrau eindrangen und sie ganz schwach werden ließen. Und mir fielen andere, ebenso herrliche Sommerabende im Mondschein ein, wo ich auf derselben Bank saß, schmuste und tief ergriffen hauchte: »Charlotte, mein Engel. Niemals ... niemals habe ich ein Mädchen wie dich gesehen.« Oder etwas in der Art. Und ich dachte an einen anderen Abend, im Stadtpark, im August, wo ich mich flüsternd der jungen Schönheit an meiner Seite zuwandte:

»Marianne, meine süße Marianne. Niemals ... niemals habe ich ein Mädchen wie dich gesehen.«

Oder was man nun flüsterte, um seinem Ziel näher zu kommen. Ja, es war eine wunderschöne Zeit damals.

»Du guckst so abwesend, Mutti. Woran denkst du gerade? Und du, Vati ... Herrje, wie komisch sitzt du denn da? Kriegst du keine Luft?«

Benny und das junge Mädchen von der Eisbude waren aufgetaucht. Sie setzten sich an unseren Tisch.

»Na, was habt ihr denn gemacht?« erkundigte ich mich.

»Wer? Ich und Gabi? Wir waren eben in der Bowlinghalle und haben uns die Arme ausgekugelt. Jetzt wollen wir zum LOVE IN, zur Diskothek, you know. Kannst du mir nicht ein bißchen Kleingeld rausrücken? So als Vorschuß aufs Erbteil?«

»Du hast bereits mehrmals Vorschuß bekommen ...«

»Okay, dann lädt Gabi mich ein, nicht, Gabi?«

Das Mädchen nickte einverstanden.

»Die junge Dame soll doch nicht bezahlen, davon kann keine Rede sein«, sagte ich empört und legte Benny einen ansehnlichen Betrag hin. Er warf einen Blick auf seine Armbanduhr. Für die Diskothek war es wohl noch zu früh. Also saßen die beiden stumm da und stierten vor sich hin. Typisch die heutige Jugend.

»Was hast du eigentlich hier am Abend gemacht, als du jung warst?« wollte Benny plötzlich wissen. »Hast du im Zimmer gehockt und auf die Mattscheibe geglotzt, oder was?«

»Was du dir vorstellst, mein Junge! Fernsehen war damals kaum erfunden. Gott sei Dank. Nee, damals hatten wir Kapellmeister Lachner drüben im Strandpavillon. Er dirigierte ein erstklassiges Trio, Flügel, Violine und Cello, und sie spielten all die schönen alten Melodien, Mozarts Serenade, das Ave Maria, die Walzer von Strauß und Smetanas Moldau ... all die wundervollen Stücke mit wirklicher Musik. Vor der Musiktribüne standen weißgestrichene Tische und Klappstühle auf den Kieselsteinen der Promenade, und da saßen wir bei Kaffee oder Brause und lauschten den Klängen, ganz berauscht von der Atmosphäre, der zauberhaften Stimmung. Und jeden Samstag trat eine berühmte Konzertsängerin auf ...«

»Ach du Schreck!« Benny erschauderte geradezu.

»Hat man damals nicht getanzt?« fragte Gabi.

»Doch, am Sonntagabend spielte die Kapelle drinnen im großen Saal. Dann gab es ein Saxophon statt des Cellos und Schlagzeuginstrumente statt der Violine, und sie spielten den neuesten Foxtrott und all die schönen Melodien vom Radio-Wunschkonzert, ›Es war im Grunewald‹ und ›Veronika, der Lenz ist da‹ und viele andere beliebte Stücke, die ...«

»Und das Kino?« unterbrach mich Benny, »haben sie da auch nichts Vernünftiges gegeben?«

Er hatte eine merkwürdige Art, seine Kommentare zu formulieren.

»Wir gingen ins GRAND oder ROXY. Holzsitze natürlich, 1,– DM im ganzen Saal, aber die Filme waren erste Qualität. Curt Goetz vergesse ich nie, mit Valérie von Martens, in ›Hokuspokus‹. Oder ›Ben Hur‹, das war ein phantastisches Erlebnis, als Nero die Christen den Löwen vorwarf ...«

»Ja, klingt toll. Aber Holzsitze ... ach du ahnst es nicht!«

»War das wirklich alles, was man Ihnen damals geboten hat?« fragte Gabi, »konnten Sie nichts anderes unternehmen?«

»Doch«, entgegnete ich, »natürlich spazierten wir an den langen Sommerabenden am Hafen entlang. Man hatte ein nettes Mädchen eingehakt, ließ sich vom Mond bescheinen und guckte den Fischern zu, die die Netze trockneten. Aber die Zeiten sind entschwunden. Alle Romantik ist gestorben. Jetzt gibt es nur noch Diskotheken, Lärm, Krawalle, Motorboote, Bowlinghallen, Surf-Riding, Papphähnchen, Chips, Frühlingsrollen, Drive-in-Kinos und Spielautomaten. Mir tut die heutige Jugend leid, die in ihren Ferien nicht weiß, was sie mit sich anfangen soll, und die nicht ahnt, was ihr alles entgeht.«

»Ja, ganz richtig«, nickte Marianne voller Mitgefühl.

Gabi hatte offensichtlich keine Lust mehr, ihre Zeit mit Mumien wie Marianne und mir zu verschwenden.

»Komm«, wandte sie sich an Benny, »jetzt können wir rüber. Ich glaube, die ›Crazy Gorillas‹ haben mit ihrer Show losgelegt.«

Benny erhob sich, und die beiden verschwanden in Richtung Diskothek. Wir blieben noch eine Stunde sitzen und beobachteten das Leben und Treiben am Hafen. Dann machte Marianne einen Vorschlag.

»Wollen wir nicht mal wieder zur Mole spazieren?«

Wir spazierten hinaus. Die Dämmerung war herabgesunken, und draußen an der Mole begegneten wir kaum einem Menschen. Als wir jedoch weiter hinaus zum Leuchtfeuer kamen, erblickte ich plötzlich Benny. Er saß auf meiner alten Bank, Hand in Hand mit Gabi, der Kleinen von der Eisbude. Bevor wir umdrehen und uns diskret zurückziehen konnten, hörte ich ihn mit eindringlicher Stimme sagen:

»Nun kennen wir uns schon ein bißchen, Gabi, da kann ich ja zugeben, daß ich die Eiswaffel mit Absicht auf dich geklatscht habe ... wegen Kontakt und so, weißt du ... Ehrlich, ich hab' noch nie so 'ne leckere Larve wie dich gesehen ... und guck mal, der Mond. Einsame Spitze, Mensch!«

Es sei zu meines Mannes Lob gesagt, daß er einen Theaterabend für eine derart feierliche Begebenheit in seinem Leben hält, daß er ihn niemals durch verwaschene Jeans oder Hemdsärmel nach Art der Salonkommunisten entweihen würde – wie es ja heute Mode ist. Nee, nix da, er zieht alle Register und wirft sich in Schale, und wenn wir dann in großem Stil das Theater betreten und die Galavorstellung beginnt, da vergeht einem Hören und Sehen ...

Ein Theaterabend – zu zweit

Einen Theaterabend sollte man
nach meiner Meinung immer zu zweit erleben.
Zu zweit sollte man die hartnäckigen Versuche der
Bühnenkünstler unterstützen, den Geist zu bereichern,
zu zweit sollte man in der Pause über die Vorstellung
diskutieren, zu zweit sollte man weitersprechen,
wenn man nach Hause kommt und
sich ein kleines Glas genehmigt, und dabei auch das
schillernde Privatleben der mitwirkenden
Schauspieler nicht vergessen –
mein Mann macht sich nicht so viel daraus,
aber ich finde das auch sehr interessant,
zumal über die heutigen Vorstellungen selbst
doch nicht viel zu sagen ist. Wie mein Mann sagt,
kommen diese Stücke nur auf den Spielplan, damit
der Intendant am Ende der Saison
ein Defizit aufweisen und mit gutem Gewissen
wiederum Riesenzuschüsse beantragen kann, um
auch die nächste Saison zu finanzieren.
Und diese Zuschüsse muß dann
mein Mann über die Steuern mitbezahlen,
wenn ich es richtig verstehe, weil
unsere ganze Kulturpolitik so hirnverbrannt und
mein Mann ...

Eins lassen Sie mich gleich klarstellen: Ich gehöre nicht zu dem Typ Ehemann, der eine Menge Geld für Vergnügungen zum Fenster rauswirft. Ich überlege es mir immer ganz genau, wenn Marianne die Bemerkung fallenläßt, nun sei es mal wieder an der Zeit für einen interessanten Theaterabend. Dann erwäge ich das noch ein halbes Jahr, bevor ich Ernst mache. Einerseits verliert man doch überhaupt die Lust, eins von diesen modernen, mehr oder weniger absurden, lärmenden, politisch gefärbten und plump provozierenden Stücken anzugucken.

Andererseits sind für die Stücke, die man wirklich sehen möchte, keine Karten zu bekommen, wenn man nicht gerade Mitglied dieser komischen Einrichtung ›Volksbühne‹, ist oder wie noch dieser kulturelle Zirkus heißt –, wo man nachmittags um 15 Uhr ins Theater muß oder nur die Generalprobe zu sehen kriegt.

Aber neulich hatten wir Freikarten bekommen, also zogen wir los. Es begann sehr feierlich, wir ergingen uns im Foyer, ich in meinem neuen mitternachtsblauen Smoking und Marianne in ihrer Nerzstola und dem ganzen Ausgehplunder. Wir fanden schon immer, ein Theaterabend ist ein so feierliches Ereignis im Leben, daß man es nicht durch dieselben Klamotten entwerten sollte, die man sonst beim Kegeln oder in der Kneipe anhat. Nachdem wir die obligatorischen Dinge besorgt hatten wie Programm, Pfefferminz und Schokolinsen, schritten wir in den großen, festlich erleuchteten Theatersaal mit den goldenen Ornamenten und den gediegenen dunkelroten Seidentapeten.

»Ich zeige Ihnen Ihre Plätze«, klang es hilfreich vom Platzanweiser.

»Danke«, erwiderte ich, »das machen wir schon selbst.«

Mit der Bemerkung ließ ich durchblicken, daß wir das Theater bereits kannten und daher als Stammgäste zu betrachten seien.

»Ja, hier müßte es sein«, sagte ich zu Marianne und steckte die Karten in meine Westentasche. Galant schlug ich den Sitz für Marianne runter, und wir nahmen Platz. Leider waren es zwei Seitenplätze. Wir hatten gerade begonnen, in angemessenem, gedämpftem Tonfall das verruchte Privatleben der beteiligten Schauspieler zu erörtern – das wir bis in alle Einzelheiten aus den Illustrierten kannten –, als ein junger Kerl in offenem Hemd, verwaschenen hautengen Jeans und Jesuslatschen mir auf die Schulter klopfte.

»Ich muß hier rein«, sagte er.

Wir erhoben uns, und der Jüngling quetschte sich mit seiner Begleiterin in unsere Reihe. Sie blieben genau vor uns stehen und starrten uns feindselig an. Ich starrte ebenso frech zurück.

Ich hasse Leute, die im offenen Hemd oder schmutzigen Rollkragenpulli in einem feinen Theater erscheinen, bloß um ihre politische Einstellung zu bekunden. Marianne begnügte sich damit, verwirrt auszusehen.

»Wollen Sie nicht weiter?« fragte ich gereizt.

»Weiter?« bemerkte der junge Schnösel, »das sind unsere Plätze.«

Er hielt mir seine Karten hin. Nummer 22 und 24, betonte er. Ich winkte den Platzanweiser zu uns und wühlte in meiner Westentasche.

»Der junge Herr hier behauptet ...«, begann ich. Dann fiel mein Blick auf unsere Karten. Da stand 21 und 23.

»Wir müssen auf die andere Seite«, flüsterte ich Marianne zu und zog sie diskret aus der Reihe. Als wir an der Orchesterversenkung vorbeizogen, folgte uns das junge Paar mit einem Blick, als seien wir geistesgestört.

»Mein Gott«, beruhigte ich Marianne, als wir unsere Plätze Nummer 21 und 23 auf der anderen Seite der Reihe eingenommen hatten, »jeder kann sich mal irren. Komisch, aber eins der größten Verbrechen, die man auf dieser Welt begehen kann – fast so schlimm, als wenn man in einem öffentlichen Verkehrsmittel mit einer Fahrkarte vom vorigen Tag erwischt wird –, ist offenbar, die verkehrten Plätze im Theatersaal zu besetzen.« Ich kramte eine Rolle Pfefferminz aus meiner Jackentasche.

»Möchtest du ein Pfeffer ...«

Ich schwieg. Ein nettes älteres Ehepaar schlich so eigentümlich obdachlos auf dem Gang vor unseren Plätzen herum. Sie guckten abwechselnd auf ihre Karten, auf uns und auf einander.

»Siehst du, Marianne, wir sind nicht die einzigen. Es gibt auch andere, die sich nicht zurechtfinden können. Wenn die nicht innerhalb einer Minute auf ihren Plätzen sitzen, wird der ganze Saal sie in Grund und Boden starren und sie als Abschaum der Menschheit betrachten.«

Komisch, wie die Menschen reagieren. Wenn man erst selbst auf dem trockenen sitzt, kümmert man sich einen Dreck um die anderen in Not. Man genießt die Situation geradezu.

Das ältere Paar flüsterte sich irgend etwas zu, guckte noch mal auf die Karten und dann auf mich. Ich tat, als ginge mich das überhaupt nichts an, aber insgeheim fischte ich unsere Karten aus meiner Westentasche und warf schnell einen Blick auf die Nummern, 21 und 23. Kein Zweifel, einwandfrei. Wie zufällig drehte ich mich auf meinem Sitz um und registrierte blitzschnell, daß 21 und 23 auf den Rückenlehnen standen.

Diesmal saßen wir richtig, daran gab es nichts zu rütteln. Als die älteren Herrschaften nach einer Weile mit dem Platzanweiser vor uns erschienen, begegnete ich selbstbewußt ihrem Blick.

»Was ist denn nun schon wieder?« warf ich ihnen mit entsprechend gereizter Stimme entgegen.

»Darf ich Ihre Karten sehen, mein Herr?«

»Wieso?«

»Ich fürchte, Sie sitzen auf den verkehrten Plätzen.«

»Nanu? Ist das vielleicht nicht die 3. Reihe, Platz 21 und 23?«

»Doch, aber ...«

»Aber was?«

Diesmal war ich zum Äußeren entschlossen. Ich konnte Marianne ansehen, daß sie meinen Standpunkt teilte – unsere Plätze so teuer wie möglich zu verkaufen.

»Lassen Sie mich doch Ihre Karten sehen, mein Herr.«

»Okay«, zischelte ich, »wenn man nicht mal zwei Minuten Ruhe in diesem Theater kriegen kann, also bitte ...«

Ich hielt ihm unsere Karten hin.

»Hier steht 3. Parkett, aber Sie sitzen 3. Reihe Sperrsitz. Sie müssen weiter nach hinten.«

Wir erhoben uns, und das ältere Ehepaar nahm unsere Plätze ein.

»Jetzt können Sie uns vielleicht mal die richtigen Plätze zeigen« wandte ich mich gereizt an den Platzanweiser.

»Das hatte ich Ihnen ja angeboten, als Sie kamen«, entgegnete er und schlug die Sitze 21 und 23 im Parkett für uns runter. Er gab uns die Karten wieder.

»Und jetzt sitzen wir auf den richtigen Plätzen?« wollte Marianne wissen.

»Ja, gnädige Frau ... todsicher.«

Wir setzten uns. Das vornehme ältere Ehepaar vorn in der 3. Reihe Sperrsitz wandte sich alle Augenblicke um und starrte uns an, als erwarteten sie, wir müßten vor Scham in den Boden sinken. Der junge linksorientierte Lümmel mit den Jeans stand sogar auf, um zu sehen, wo wir abgeblieben waren.

»Duck dich«, raunte ich Marianne zu. Wir versteckten uns so gut wie möglich hinterm Programm. Der junge Schnösel sollte nicht den Triumph erleben, daß wir auf Plätze zu 12,50 DM degradiert waren.

Plötzlich beugten sich zwei verwirrte junge Damen zu uns runter.

»Verzeihung«, sagte die eine, »aber wir können unsere Plätze nicht finden. Sie können uns wohl nicht sagen, wo die Nummern 21 und 23 Parkett 3. Reihe sind? Doch wohl nicht hier?«

Mir fiel die Tüte mit den Schokolinsen aus der Hand, so daß sie in alle Richtungen auf den Boden rollten. Das ältere Ehepaar und mehrere andere Zuschauer hatten sich im Gang versammelt, um dem Drama aus der Nähe zu folgen.

Auch der junge Provo hatte uns erblickt. Sein Gesicht leuchtete in unverschämtem Grinsen auf, als unsere Blicke sich trafen.

»Was ... haben Sie gesagt?« reagierte ich leicht nervös und versuchte Haltung zu bewahren.

»3. Reihe Parkett, Nummer 21 und 23. Wissen Sie, wo das ist?«

»Ja«, gab ich zu, »das ist hier.«

»Meinen Sie die Reihe, in der Sie sitzen?«

»Ja, und zwar die Plätze, auf denen wir sitzen, meine Frau und ich.«

»Ach du Schreck«, rief das eine junge Mädchen nervös und schlug die Hände vors Gesicht, »wie peinlich, Ingrid, jetzt guckt der ganze Saal auf uns, wo ich doch bloß meinen alten Hosenanzug an habe.«

»Setzen Sie sich doch auf die freien Plätze vor uns«, reagierte ich blitzschnell, »dann will ich versuchen, das Problem zu lösen. Kein Grund zur Panik, geht alles in Ordnung.«

Die beiden jungen Mädchen fielen wie erlöst auf die freien Plätze vor uns, und ich winkte den Platzanweiser heran.

»Jetzt hapert es schon wieder«, klagte ich und zeigte ihm unsere Karten. Ich zog einen Zehnmarkschein hervor und steckte ihn diskret in seine Hand.

»Besorgen Sie uns bitte zwei andere Plätze im Rang, wo keiner uns kennt«, erklärte ich mit gedämpfter Stimme, »aber schnell!«

»Das ist leider unmöglich, mein Herr, es ist alles ausverkauft. Aber bitte nicht die Ruhe verlieren. Wir schaffen das schon ... zeigen Sie noch mal, 21 und 23 ... ganz korrekt ... und 3. Reihe, Parkett, stimmt auch. Soweit ich sehen kann, gibt es ... doch, Moment mal. Ja natürlich! Ihre Karten gelten für heute abend um 21 Uhr und nicht für die erste Vorstellung um 18 Uhr. Sie müssen leider zur Spätvorstellung wiederkommen.«

Schnell griff ich nach den Karten und schleifte Marianne

hinter mir her. Erst als wir zu Hause angekommen waren, atmete ich erleichtert auf.

»Puh«, stöhnte ich, »da gehen wir nicht wieder hin. Das kann ich dir versprechen.«

»Natürlich gehen wir hin. Wäre doch Blödsinn, wo wir die Karten, das Programm und alles haben, und angezogen sind wir auch schon. Außerdem dürfte es uns heute abend nicht schwerfallen, unsere Plätze zu finden. Jetzt wissen wir genau Bescheid.«

Um 21 Uhr standen wir also wieder im Theatersaal.

»Na«, nickte uns der Platzanweiser mit einem vertraulichen Lächeln zu, »da sind Sie ja wieder. Nun werde ich ...«

»Ja, danke, wenn Sie so freundlich sein würden«, fügte ich schnell hinzu.

Er wies uns die Plätze an, und wir kontrollierten alle drei, daß Nummern, Reihe und Parkett stimmten.

»Diesmal dürfte es wohl keinen Zweifel geben«, bemerkte Marianne, »das war ja eine peinliche Geschichte vorhin.«

»Nehmen Sie's nicht so schwer, gnädige Frau«, tröstete der Platzanweiser, »das kennen wir schon. Die Leute werden immer so nervös, wenn sie all die Nummern und Reihen sehen. Aus Angst, die verkehrten zu wählen, ergreift sie Panik ... und dann erwischen sie gerade die verkehrten. Wie gesagt, das erleben wir häufig.«

Der Platzanweiser entfernte sich. Der Saal hatte sich eben verdunkelt, als der grelle Lichtkegel einer Taschenlampe vom Seitengang auf uns flackerte.

»Darf ich noch mal Ihre Karten sehen, mein Herr?«, klang es gedämpft vom Platzanweiser.

Ich hatte nicht mehr die Kraft, die Karten aus meiner Westentasche zu fummeln. Marianne mußte mir helfen. Sie reichte die Karten in Richtung Taschenlampe hin. Es vergingen einige Sekunden, dann ließ sich wiederum eine gedämpfte Stimme vernehmen:

»Die Plätze sind richtig, meine Herrschaften, aber Sie haben sich im Datum geirrt. Die Karten gelten erst für nächsten Sonnabend.«

Ich brauche wohl nicht hervorzuheben, daß ich mich nur unter lautem Protest am nächsten Wochenende von Marianne ins Theater schleppen ließ.

Am Eingang bestand ich darauf, in Anwesenheit des obersten Platzanweisers und des Intendanten persönlich auf unsere Plätze geführt zu werden. Alle behandelten uns äußerst liebenswürdig, unser Platzanweiser vom letzten Samstag hatte sowohl seinen direkten Vorgesetzten als auch den Intendanten informiert.

»Wenn jemand Ihnen diese Plätze streitig machen will«, versicherte der Intendant, »dann werde ich persönlich einschreiten. Sollten irgendwelche Probleme auftauchen, dann verlassen Sie bitte nicht eher Ihre Plätze, bis ich den Fall untersucht habe.«

Das Licht im Saal erlosch, die Vorstellung begann. Der erste Akt lief seit vier, fünf Minuten, als ich von flüsternden Stimmen im Seitengang abgelenkt wurde. Leider war es zu dunkel, um erkennen zu können, was da los war. Nach einigen weiteren Sekunden traf das ein, was Marianne und ich jeden Augenblick voller Verzweiflung gefürchtet hatten ... der flackernde Schein einer Taschenlampe leuchtete über uns, und eine flüsternde Stimme ließ sich hören: »Ich bin es, der Intendant. Leider muß ich Ihre Karten noch mal überprüfen. Irgend etwas stimmt hier nicht. Hier stehen zwei Herren mit Karten für die Nummern 21 und 23, Parkett, 3. Reihe, Samstag, den 12., um 21 Uhr. Das ist jetzt ...«

Ich kann mich nicht mehr daran erinnern, wie wir aus dem Saal kamen, aber noch heute verfolgt mich die flüsternde Stimme des Intendanten bis in den Schlaf: »Die Plätze sind richtig, mein Herr, die Nummern, die Reihe, das Datum, auch die Uhrzeit ... aber die Karten gelten für unsere Experimentalszene, drüben im Anbau!«